A DUTCH READER

The following Dutch Grammar and Reader textbooks are available from Stanley Thornes (Publishers) Ltd:

Schoenmakers PRAATPAAL – Dutch for Beginners
Smit and Meijer DUTCH GRAMMAR AND READER
*Donaldson DUTCH REFERENCE GRAMMAR
*Shetter INTRODUCTION TO DUTCH – A Practical
Grammar

Also available from Stanley Thornes (Publishers) Ltd:

Meijer LITERATURE OF THE LOW COUNTRIES

These titles are published by Martinus Nijhoff bv, The Hague and distributed in the UK on their behalf

A DUTCH READER

compiled by

Jelly K. WILLIAMS, M.A. (Oxon.)

Stanley Thornes (Publisher)Ltd.

J.K. Williams 1981

First published in 1981 by Stanley Thornes (Publishers) Ltd
Educa House, Old Station Drive, off Leckhampton Road, Cheltenham, Glos, GL53 ODN

British Library Cataloguing in Publication Data

Williams, Jelly K.

  A Dutch reader and grammar.

  1. Dutch language – Grammar

  I. Title

  439.3'1'82421   PF112

  ISBN 0-85950-349-6

Printed in the Netherlands

Contents

Preface

This Dutch reader was assembled at the suggestion of Professor P. King of the University of Hull who together with other teachers of Dutch had long felt the need for a readily available collection of Dutch reading material from various sources.

The reader starts with simple material and continues in the main with increasingly more difficult items.

In devising the vocabularies it has been assumed that students use the 'Dutch Dictionary' by P. and M. King, published by Hodder and Stoughton for their 'Teach Yourself Books' series. We hope to publish a second collection if this reader proves to be useful.

Many thanks are due to Mrs M. Charles, Professor P. King, Professor R.P. Meijer, Mrs E. Rawle-Stotijn and Mr P. Vincent for helpful suggestions. I hope students of Dutch will enjoy using this book and I would be grateful for comments.

Jelly K. Williams

Acknowledgments

I wish to thank the authors, editors and publishers whose names appear below, for giving permission to reprint material, much of it copyright.

The publishers of *Libelle*; Paula Gomes and De stichting voor musische vorming, Rotterdam; the publishers of *Nieuwe Rotterdamse Courant-Handelsblad*; E.M. Querido's Uitgeverij b.v., publishers of G. Achterberg *Verzamelde gedichten*, Guus Kuijer *Drie verschrikkelijke dagen*, J. Bernlef *Stilleven* and Leo Vromans *Snippers*; het Koninklijk Instituut voor Doven H.D. Guyot; Shipmate Vlag J. Thurmer b.v.; Unieboek bv, publishers of Henk Barnard *Kon hesi baka*; Politie Publikaties Biermann en Co B.V., publishers of *Veilig verkeer Nederland*; Uitgeverij Orion, publishers of Karel Jonckheere *Halve zolen en achterlap-*

pen; Marga Minco, author of *Het bittere kruid* and H.J.M.F. Lodewick et al., author of *Ik probeer mijn pen...* and Uitgeverij Bert Bakker, their publisher; the publishers of *Elseviers Magazine*; the publishers of *Dagblad de Telegraaf*; the ANWB, Algemene Nederlandse Wielrijdersbond, publishers of *De Kampioen*; De Bezige Bij, publishers of Harry Mulisch *Twee vrouwen*, Remco Campert *Volledige verhalen* and Hugo Claus *Natuurgetrouwer*; N.V. Philips, publishers of *Audiovisuele middelen voor het onderwijs*; the publishers of *CMK-Krant*; B.V. Uitgeverij De Arbeiderspers, publishers of S. Carmiggelt *Duiven melken*, Maarten 't Hart *Ongewenste zeereis* and Louis Paul Boon *Grimmige sprookjes*; the publishers of *Nieuwsblad van het Noorden*; Bureau voor rechtshulp te Drente, publishers of *Gratis juridies advies*; the publishers of *Knack*; De Geïllustreerde Pers BV, publishers of *Margriet*; Uitgeverij Heideland-Orbis N.V.-Hasselt, publishers of L. Claes *Twintig eeuwen Vlaanderen*; Zuiveringsschap Drenthe, publishers of *Wat betekent water voor ons?*; Elsevier Nederland b.v., publisher of J.H. Brouwer et al. *Encyclopedie van Friesland* and W.F. Stapel and W.H. van Helsdingen *Daar wèrd wat groots verricht...*; N.V. Heideland, publishers of Johan Daisne *Met een inktvlek geboren*; H. d'Ancona and the publishers of *Opzij*; the publishers of *Elseviers Weekblad*; the publishers of *Gazet van Antwerpen*; Meulenhoff Nederland bv, publishers of Joop Waasdorp *Welkom in zee*; the publishers of *Trends*; Vereniging van Exploitanten van Electriciteitsbedrijven in Nederland, publishers of *Stroom*; van Loghum Slaterus bv., publishers of H. Janmaat *Ouder worden in de werksituatie*; Uitgeversmaatschappij Elsevier Manteau, publishers of Paul Snoek *Renaissance*.

List of abbreviations

abbrev., abbreviation	p., page
colloq., colloquial	pp., pages
dial., dialectal	pa.pple, past participle
ed., editor	transf., transferred
esp., especially	usu., usually
lit., literally	viz., namely
obsol., obsolete	vulg., vulgar (usage)

Ik heb een paar jaar in de Verenigde Staten gewoond en
een heimwee naar Nederland dat ik heb gehad! Ik verlangde terug naar de gekste dingen: naar de Amsterdamse tram,
naar de Hollandse regen, naar de huizen met die rode da-
ken. Naar de terrasjes… En nu, nu ik alweer vier jaar terug
ben, kan ik soms nog genietend denken… wat fijn, ik woon
in Nederland!

(From Libelle 26th January 1979)

terrasje – *lit.* small terrace but often, as here, meaning pavement cafe

Feest

Feest is je opmaken

feest is je mooie jurk aantrekken

feest is spelen

feest is nieuwe schoenen

feest is muziek

feest is blij zijn

feest is lachen

(From P. Gomes (ed.) Spelen met woorden (1976))

Oudjaar

Met ouwejaar stop ik ouwejaar in een oliebol

En die oliebol op een rotje

En dat rotje en ouwejaar op een vuurpijl

En die schiet ik naar de noordpool

(From P. Gomes (ed.) Spelen met woorden (1976))

ouwejaar, *colloq.* for 'oudjaar' – New Year's Eve
oliebol – (fruit)doughnut. A traditional New Year's Eve dish
rotje – cap (as used in a child's pistol)

Wensen

Ik wou dat ik een brandslang had

dan kon ik meneer zijn sigaar blussen

Ik wou dat ik een kunstgebit had
dan kon ik als ik kiespijn had
mijn gebit uitdoen
Ik wens dat het Feijenoordstadion
in Ommoord was
dan kon ik meetrainen
Ik wou dat de mensen boven ons ophoepelen
want ze maken zo'n herrie

(From P. Gomes (ed.) *Spelen met woorden* (1976))

kunstgebit – false teeth
Feijenoord, the Rotterdam footballteam

De ideoloog

A mildly satirical poem

De ideoloog
is heel hoog,
Naarmate hij hoger is,
is hij vager,
maar zeker niet lager.

(A. Teister in *NRC-Handelsblad* 7th April 1978)

The Dutch honour a British officer

JOHN FROST-BRUG IN ARNHEM EERT BRITS OFFICIER

Niet lang zal het meer duren of Arnhem beschikt over twee bruggen over de Rijn. Op 17 december is de officiële opening voorzien van de nieuwe Roermondbrug, waaraan drie jaar is gebouwd. Op de achtergrond ligt de oude Rijnbrug, die officiëel de naam heeft gekregen van John Frost, een Britse officier die in 1944 heeft gestreden voor het behoud van de brug.

Hij slaagde erin de brug in september gedurende vier dagen in zijn bezit te houden, maar moest wijken voor de overmacht van de Duitsers. Frost was in die tijd kolonel bij de parachutisten. Hij raakte in Duitse krijgsgevangenschap en woont nu, gepensioneerd als generaal-majoor, 64 jaar oud, in Zuid-Engeland.

(From *NRC-Handelsblad* 7th December 1977)

2

A poem by a child # Dromen

ik lag weer in mijn bed
daar ging de wekker
ik zei: rot wekker
hij zei: rot mens
ik lag weer in mijn bed
daar bromde de beer
ik zei: rot beer
hij zei: rot mens
ik lag weer in bed

(From P. Gomes (ed.) *Spelen met woorden* (1976))

HET GEZICHT VAN NEDERLAND

Zes duizend jaar geleden werden er al bakstenen gemaakt. In Nederland gebeurt dat sinds halverwege de twaalfde eeuw. In 1978 zullen er in de Nederlandse steenfabrieken bijna twee en een half miljard bakstenen worden geproduceerd. Dat is een aantal miljoenen meer dan in het vorige jaar. Dat de vraag de laatste tijd is toegenomen, heeft andere en meer oorzaken dan de zich op alle terreinen voordoende nostalgie. Want baksteen is als bouwmateriaal tijdloos. En baksteenarchitectuur bepaalde door de eeuwen heen al het eigen karakteristieke gezicht van Nederland. Maar architecten, opdrachtgevers en beleggers, mensen die een eigen woning willen en alle consumenten van bouwwerken laten weer meer dan in het jongste verleden kwaliteitsbouw en leefbaarheid zwaar wegen bij hun beslissingen.

(Advertisement in *NRC-Handelsblad* 21st February 1978)

opdrachtgever – client who commissions a building
consument – *lit.* consumer; here, user, occupant

4

A chapter from a book about two teenagers who are justifiably unhappy with their families. Here the boy finds his father in bed with his mistress in the family's weekend cottage

Het tweede huis van Jos zijn ouders lag aan een smalle weg zonder verlichting. Het huis was omringd door veel geboomte en struikgewas zodat je het van de weg af niet zag.

Jos parkeerde de Mercedes zo diep mogelijk in de berm. Hij durfde in het donker niet de oprit op.

Het was aardedonker en het stroomde van de regen.

Marion probeerde iets te zien buiten, maar je kon net zo goed geen ogen hebben. Zonder de autolichten zag je je eigen voeten niet eens.

'Heb je een sleutel?' vroeg ze.

'Nee,' zei Jos. 'We moeten inbreken.'

Marion kreeg kippevel. Ze wist niet zeker of dat kwam door de kou. Ze kon zich niet herinneren ooit zo'n dikke duisternis te hebben meegemaakt.

Ze stapten uit en sopten hand in hand door de modder. Aan het geknars onder hun voeten hoorden ze dat ze op de oprit waren beland. Van het huis was niets te bekennen.

'Weet je zeker, dat 't hier is?' vroeg Marion zenuwachtig. 'Straks verdwalen we nog.'

Jos gaf geen antwoord. Hij stond stil.

'Wat is er?'

'Ik weet niet,' mompelde Jos. 'Wat is dat daar?'

'Waar?'

'Daar, recht voor je.'

'Ik zie niks.' Marion klappertandde. Ze was nu al doorweekt.

'Het glimt,' zei Jos.

Marion tuurde met half toegeknepen ogen de duisternis in. ''t Is een auto,' zei ze opeens.

'Kan niet.'

'Wedden?'

Ze liepen een paar meter verder. En hoe dichter ze bij het glimmende voorwerp kwamen, hoe zekerder Marion wist dat ze gelijk had. Een verchroomde bumper glom hun zachtjes tegemoet.

'Verrek, je hebt gelijk,' zuchtte Jos.

Ze slopen eromheen, maar er zat niemand in. Jos begreep er niets van, want hij kende de auto niet. Was hij hier wel goed?

Hij keek om zich heen. Hoog boven hem staken de boomtoppen nog net een beetje af tegen de donkere lucht, maar daar viel weinig aan te herkennen.

'Zullen we teruggaan?' bibberde Marion.

'Onzin,' zei Jos. 'We zijn zeiknat. Nou wil ik wel es warm zitten.' Hij trok haar mee, verder de oprit op.

'Maar als die mensen nou in huis zitten?'

'Welke mensen?'

'Van die auto.'

'Kan niet,' zei Jos. 'Want ik ken die auto niet.' Maar zijn stem klonk onzeker. Waarom stond die stomme kar daar? Gebruikte iemand de oprit als parkeerplaats? Stropers misschien? Hoewel, bij dit weer...

'Hè, zie je, daar is het.' Jos wees opgelucht. Hij was hier toch goed. Marion zag vaag witte vensterbanken schemeren en de nok van een dak.

'D'r is geen mens,' mompelde Jos.

'Als ze tenminste niet in bed liggen.'

Jos aarzelde. Was het niet beter de veiligste weg te kiezen, terug naar de Mercedes? Maar hij voelde Marions trillende hand. Nee, dat had geen zin. De benzine bijna op, geen dekens, dat zou een verschrikking worden.

Hij trok haar mee, stampte flink met zijn voeten en praatte luid. Als er inbrekers waren, konden ze op tijd wegwezen.

Ze gingen achterom.

Jos probeerde eerst of het keukenraam naast de achterdeur openstond, maar dat bleek niet het geval. Ook de achterdeur zelf en de tuindeuren zaten op slot. Hij scharrelde wat door het grint en kwam terug met een vuistgrote steen.

'Ga je daar mee...?' huiverde Marion. 'Dat maakt ontzettend veel lawaai.'

'Wat geeft dat nou?' Jos klemde de steen in zijn rechterhand en sloeg toe. De ruit barstte kletterend uit de sponning. Ze wachtten tot het laatste scherfje was uitgerinkeld en luisterden naar de stilte die daarop volgde. Jos stak zijn arm door het gat en opende het venster. Hij kroop naar binnen en deed de achterdeur voor Marion open. 'Treed binnen!' riep hij overmoedig. 'Treed binnen in mijn nederige stulp.'

Maar pas toen hij een paar lichten had aangedaan, trad Marion inderdaad binnen. 'Doe een beetje zacht wil je,' giechelde ze. 'Je mocht es iemand wakker maken.'

Ze bekeek de ruime keuken en schatte dat die van haar ouders er twee keer in kon. Jos zijn vader voelde zich vast geen zak.

'Kom,' zei Jos. 'Gaan we naar de kamer.'

Marion bleef staan. 'Wat is het hier warm,' mompelde ze. Ze

streek met haar hand langs een radiator. 'Staat die verwarming altijd aan?'

Jos slikte. 'Ik weet niet.'

Marion trok de deur van de ijskast open. 'En dit ding, doen ze die ook nooit uit? Hij zit vol met spullen.'

'Kom nou maar,' fluisterde Jos. 'D'r is niemand.' Toch sloop hij door de gang en opende hij, voorzichtig, als een dief, de krakende kamerdeur.

Marion zag hem wenken. Weinig enthousiast volgde ze hem.

Hij knipte het licht aan en Marion zag onmiddellijk de fles sherry op tafel en de twee glazen. 'Zie je wel, d'r zijn mensen,' zei ze en wees met een trillende vinger.

Jos staarde secondenlang naar dat beduidende stilleven maar kon er niets zinnigs bij bedenken. Hij beduidde Marion met een vinger tegen zijn lippen dat ze stil moest zijn en luisterde.

Geen ander geluid dan de ruisende regen en zijn eigen ademhaling.

Als er iemand in huis was, zat ie minstens zo erg in de rats als zij. Vroeger of later zou hij geluid maken.

'Wat...' begon Marion.

'Ssst,' siste Jos. Hij drukte haar in een lederen fauteuil en ging zelf op de leuning zitten. Hij boog zich voorover en fluisterde met zijn mond in haar krullen: 'We wachten af wat er gebeurt.'

Ze leunde met haar hoofd tegen zijn elleboog. Hij keek naar beneden, tilde zijn arm op en legde die over de rugleuning zodat ze gemakkelijker lag. Hij vroeg zich af hoe ze zouden voelen, al die krulletjes. Hard en stug als bij een schaap? Of zacht als donsvulling van een slaapzak? Voor hij het wist lag zijn vrije hand al tussen haar krullen en vond hij het antwoord: tussen schaap en slaapzak in. Terwijl de stilte hem zowat de adem afsneed, streelde hij haar zachtjes, waarbij ze haar hoofd harder tegen hem aandrukte en waarachtig een soort geknor losliet. Hij vond het een erg goed geluid. Hoe kwam een mens erop om lak op zijn hoofd te spuiten, vroeg hij zich af. Heel even aarzelden zijn vingers door het kartonnen gevoel dat hij kreeg nu hij aan zijn moeder dacht.

Hij moest nog opbellen en Marion ook. Maar hij zei niks. Geen paniek.

Wat zou het handig zijn als z'n ouders dood waren. Geen gezeur meer aan je kop. 'Geen bezoek, geen bloemen.' En dan Marions ouders nog en dan gewoon hier blijven zitten, de ijskast leegvreten, een beetje scheppen en schoffelen in de tuin en nergens meer iets mee te maken hebben.

Hij stond voorzichtig op en wilde de gang in lopen, maar middenin die beweging verstarde hij, want bovenaan de trap klonk gekraak. Hij kende dat geluid. Het werd veroorzaakt door een losliggende plank. Als je d'r overheen liep. Er liep dus iemand overheen. Er was dus iemand.

Marion had het ook gehoord. Haar hand greep de zijne en kneep die. Jos wist niet wat hij moest doen. Zijn radeloosheid maakte hem bijna misselijk. Boven sprong licht aan. Geschuifel van voeten. Dan een stem.

'Is daar iemand?'

Jos kon zijn oren niet geloven, want die stem kende hij. Hij blies zijn lang ingehouden adem als een zucht uit zijn longen. Het was zijn vader!

Toen dat eenmaal tot hem was doorgedrongen, sloeg de schrik pas goed toe. Het duizelde hem. Hij moest zich aan Marions arm vasthouden om niet om te vallen. Zijn vader!!

(From Guus Kuijer *Drie verschrikkelijke dagen* (1977))

soppen – *lit.* to dip (something) into a liquid; here, to squelch through
toeknijpen – to close (one's eyes) tightly
verrek – damn
zeiknat – *vulg.* very wet
es=eens
d'r – *colloq.* er
sponning – frame
stulp – hovel
zak – *lit.* sack; here, failure

From *NRC-Handelsblad* where the three irreverent 'haasjes' regularly comment on current affairs

An account of a
school-outing
written by a
deaf child

Op donderdag 8 juni rijden we in twee auto's naar Wester-
wolde. Vlak aan de Duitse grens ligt het plaatsje Bourtange.
In vroegere tijden was dit plaatsje een vesting: hoge wallen
en een diepe gracht beschermden het plaatsje. De vijande-
lijke soldaten konden daardoor niet binnenkomen.

In 1870 hebben de mensen de wallen afgegraven en de
grachten gedempt. Nu, honderd jaar later worden de ves-
tingwerken weer opgebouwd. Wij vinden alles heel mooi.
In een oud cafeetje drinken we cola. Daarna verlaten we
Bourtange en rijden naar Ter Haar. Daar staat nog een oude
standaard-molen welke vroeger op de wallen van Bourtange heeft gestaan.

Om half twaalf komen we in Ter Apel. In een groot bos staat
een oud klooster. Het is wel 500 jaar oud. Wij bekijken de
mooie gangen, de zalen en de kerk. Om half één eten we in
een cafee. Daar zit tot onze vreugde een beo, een soort pape-
gaai, die heel goed praten kan.

Hij zegt: Waar is mamma, pappa is weg. Hij kan ook erg luid
fluiten. Vervolgens rijden we over Weerdinge, Odoorn naar
Borger. Vlak bij Borger liggen een vijftal hunnebedden.
Deze worden bekeken en beklommen.

Dan is het alweer tijd om de school op te zoeken. Om precies drie uur zijn we weer 'thuis'. Wij hebben een mooie en
ook leerzame dag gehad.

(From *Instituutskrant* of the Royal Institute for the Deaf H.D. Guyot,
June 1978)

standaardmolen – post-mill
hunnebed – megalithic tomb consisting of huge boulders

GEZELLIG! ZO'N OMA IN HUIS!

Je leest zo vaak dat de bejaardentehuizen overvol zijn, en
dat er hele wachtlijsten zijn voor al die bejaarden die eigenlijk niet meer voor zichzelf kunnen zorgen. Dan denk ik wel
eens: Hebben die mensen dan geen kinderen bij wie ze kunnen wonen? Ik begrijp best dat het op een flatje niet altijd
mogelijk is, maar er wonen toch ook veel mensen in grotere
huizen? Sinds vijf jaar woont mijn moeder bij ons, een gezin met twee kinderen, in huis. Iedereen raadde het af, en
zelfs een sociaal werkster vroeg of ik wel wist waar ik aan
begon. Maar na vijf jaar kan ik met de hand op m'n hart zeggen dat het een sukses is. Oma heeft haar heel eigen plaatsje

in ons huis verworven, en we zouden haar niet graag missen. Nou moet ik wel zeggen dat ze erg makkelijk in de omgang is, en vanaf het begin niet de hele dag bij ons in de huiskamer heeft willen zijn.

Ze heeft haar eigen kamer, ingericht met een paar van haar eigen meubeltjes, en daar zit ze uren te lezen of te breien. Maar koffie en thee drinkt ze bij ons, en ook de maaltijden gebruiken we met z'n allen. En we vinden het nog steeds erg gezellig dat ze er is!

(From *Libelle* 1st December 1978)

bejaardentehuis – old people's home
makkelijk in de omgang – easy to get on with

A poem written by Princess Juliana in her youth

Hoge bomen
staan te dromen
En het blad is stil
Zoete geuren
Mooie kleuren
Zonder 't minst getril

Komen wij tegen
Als milde regen
Allerwegen
Hoge bomen
Staan te dromen
En het blad is stil.

(From *NRC-Handelsblad* 29th April 1978)

From an informative brochure on flags

DE NEDERLANDSE VLAG

De Nederlandse vlag is het hoge symbool van eenheid en onafhankelijkheid van het Koninkrijk der Nederlanden. Overal, waar de Nederlandse vlag op Nederlands grondgebied wordt ontplooid, moet zij de ereplaats hebben.

De kleuren van de Nederlandse vlag zijn: *vermiljoen rood – helder wit – kobaltblauw.*

De afmetingen van de Nederlandse vlag dienen zich te verhouden als 2 : 3.

HET GEBRUIK

De lengte van de vlaggestok moet zodanig zijn dat de vlag ook als zij halfstok is gehesen de grond niet kan raken en het verkeer niet hindert. Op de vlag mag, behoudens uitdrukkelijke toestemming van H.M. de Koningin, geen enkele versiering of andere toevoeging worden aangebracht. Elke ontplooide vlag moet bij zonsondergang worden binnengehaald.

(Shipmate Vlag J. Thurmer, Vlaanderen)

we nemen de fietsen mee — dankzij 4.999 fietsenmakers

fietsen gaat 't vlugst! — zeggen 4.999 fietsenmakers

uw wegenwacht zit in het zadeltasje — daarnaast zijn er 4.999 fietsenmakers

(Advertisements in *NRC-Handelsblad*)

The title of the book from which this extract is taken, 'Kon hesi baka', is in the Surinam language, a mixture of mostly Dutch and English. Surinam, for many years a Dutch colony, became an independent republic on 25th November 1975. The passage comes from a historical survey which accompanies the present-day story of a Surinam family emigrating to the Netherlands

Met de vondst van goud en bauxiet komen we bij de meer nieuwe geschiedenis van Suriname. Vooral het vinden van bauxiet, de erts, waarvan aluminium gemaakt wordt is belangrijk. Niet alleen omdat men allerlei nuttige dingen van aluminium kan maken, zoals pannen, maar helaas eerder, omdat het gebruikt kan worden in de oorlogs- en vliegtuigindustrie.

In 1925 verkoopt de Nederlandse regering de concessie, 'de toestemming', om bauxiet te winnen aan de Amerikaanse maatschappij Alcoa voor twee dollarcent per m² en voor iedere 1000 kg die verscheept wordt nog eens 10 dollarcent. Een echte verbetering voor de werkgelegenheid is het niet, want de erts wordt met machines uit de grond gegraven. Erger, door deze nieuwe manier van geld verdienen neemt de belangstelling voor de plantages en landbouw helemaal af. De werkloosheid en de honger bij de bevolking nemen toe. De IIde wereldoorlog breekt uit en er is veel bauxiet nodig. Er wordt weer veel geld verdiend, maar voor de bevolking is er geen verbetering. Ook al zegt koningin Wilhelmina in 1942, dat ieder volk recht heeft om zijn eigen regering te kiezen en de verhouding met onze koloniën eens moet veranderen.

Pas in 1947, na de oorlog, komt er een Welvaartsfonds om de arme kolonie een beetje te helpen. Er moeten weer plantages komen. Ook moet men onderzoeken wat er nog meer voor bodemschatten dan bauxiet in de grond zitten.

Maar toch staat bij dit alles het Nederlands belang voorop. Om dit belang goed te houden, wordt een Koninkrijksstatuut gesloten met Suriname en de Antillen, de Nederlandse eilanden in de Caribische Zee.

Zij worden nu gelijkberechtigde delen van het Koninkrijk der Nederlanden. Die indruk moet het tenminste wekken, maar in werkelijkheid heeft de Surinaamse regering niets te vertellen. Zo'n regering noemt men een marionettenregering. Een regering van poppen aan draadjes en de draadjes lopen naar de Nederlandse regering in Den Haag. Daar wordt bepaald, wat goed en wat slecht is voor Suriname. Goed is voor Suriname, wat goed voor Nederland is. Slecht is voor Suriname, wat slecht voor Nederland is.

Zo wordt in 1954 met het Koninkrijksstatuut de overheersing van Suriname door Nederland in de wet vastgelegd.

Natuurlijk probeert men iets voor de bevolking, die het slecht heeft, te doen. Men geeft ontwikkelingshulp. Men leent geld aan Suriname om allerlei plannen uit te voeren en men hoopt, dat daardoor de welvaart bij de bevolking zal toenemen. Maar de plannen zijn alleen maar gunstig voor de Nederlandse en Surinaamse bedrijven. Die maken winsten. Dikwijls ten koste van de bevolking, die leeft in dezelfde omstandigheden als de slaven en contractarbeiders uit het verleden.

Een goed voorbeeld hiervan is de bouw van een stuwdam, die in de Surinamerivier gebouwd wordt om elektriciteit op te wekken. Het Brokopondoplan. Met de opgewekte elektriciteit kunnen de fabrieken draaien, die men wil bouwen om van bauxiet aluinaarde te maken en later misschien van aluinaarde aluminium. In die fabrieken zullen mensen kunnen werken. Nu gebeurt de verwerking van die bauxiet in het buitenland. Er zal meer werk zijn. Meer verdienste voor Surinamers. Een goed plan dus. Maar wat gebeurt er in werkelijkheid?

De Amerikanen graven allang in Suriname bauxiet. Ze krijgen toestemming het nog langer te doen zonder de verplichting fabrieken te bouwen die aluinaarde en aluminium maken en werk zullen geven aan Surinamers. Zij mogen op de oude manier doorgaan.

Nieuwe ondernemingen zullen wel fabrieken moeten bouwen. Wel bauxiet tot aluinaarde verwerken. Maar komen er nieuwe ondernemingen? Ja, Nederlandse firma's willen nu ook bauxiet gaan winnen, maar ze voelen er niets voor om die dure fabrieken te bouwen, die werk zullen moeten geven aan de Surinamers. Daarom helpt de Nederlandse regering hen en kunnen zij afspraken maken met de Amerikanen. Dus geen fabrieken in Suriname, maar in Vlissingen en Delfzijl.

Zo verdienen de Nederlandse arbeiders geld, dat eigenlijk door Surinamers verdiend had moeten worden. Terwijl er in Nederland veel meer werk is dan in Suriname. En de ondernemingen sturen hun winsten als vanouds naar Holland. Zo helpt zo'n mooi Brokopondoplan niets om de arme Surinamers een wat beter leven te geven. Met de rijstbouw gaat het net zo. Een modern Nederlands rijstbedrijf maakt het voor de kleine Hindoestaanse landbouwers onmogelijk van hun geringe opbrengst te leven. Hetzelfde gebeurt in de bosbouw. Jarenlang hebben de Boslandcreolen, de nakomelingen van de gevluchte slaven, gezorgd voor het hout in Suriname. Nu mag alleen een Nederlandse firma hout kappen en rijden grote vrachtwagens over de wegen, die betaald zijn met ontwikkelingsgeld.

De Boslandcreool heeft geen werk meer. Hij vlucht naar Paramaribo en hoopt daar werk te vinden en als het maar even lukt, vlucht hij verder naar het rijke Holland.

De ontwikkelingshulp haalt niets uit voor de arme bevolking. Ze is verkeerd toegepast. De armoede in Suriname wordt niet kleiner. Wel worden de winsten van de Amerikaanse en Nederlandse ondernemingen groter. Precies als in de slaventijd worden deze winsten naar huis gestuurd. Per jaar tweemaal zoveel als al het geld samen van ontwikkelingshulp en het geld dat in de bedrijven gestoken wordt. Zo is het de laatste jaren tenminste.

Met dit geld worden er geen nieuwe bedrijven opgezet om meer werk te krijgen voor de Surinamers. De werkloosheid is vreselijk. Van iedere honderd mensen, die kunnen werken, lopen er vijfentwintig zonder. Er is geen ondersteuning.

Meer dan de helft van de gelukkigen, die wel werk hebben, verdient dan nog te weinig om van te leven. Ook zij leven in armoede.

Met het onderwijs is het eveneens droevig gesteld. Ruim de helft van de bevolking heeft bijna of helemaal geen school bezocht.

Daarom vlucht men van het land naar de stad. Naar Paramaribo. Daar komen steeds meer mensen te wonen in krotten. Vechten honderd Surinamers om één baantje en proberen al hun geld bijeen te schrapen en vertrekken naar Holland. Vliegtuigen vol. Weg van de ellende naar het paradijs van de blanken. Om dan te ontdekken, dat die blanken vinden, dat je in Holland niet thuishoort en maar beter terug kan gaan naar je land met palmen.

In Holland begint, vooral bij de Surinamers die studeren, de roep naar onafhankelijkheid van hun land. Ze willen afrekenen met het gevoel, dat je afhankelijk bent van vreemde overheersers en dat je je daarbij maar het beste kunt neerleggen. Het gevoel, dat ieder koloniaal bewind je inprent.

In 1974 komt met grote stakingen in Paramaribo naar boven, wat er in de Surinamers leeft. De druk op Nederland om aan Suriname de onafhankelijkheid te geven wordt steeds groter. Gelukkig kan alles door besprekingen in Paramaribo en Den Haag geregeld worden. Een vrijheidsstrijd zoals in de Afrikaanse landen is niet nodig. Het gelukt met praten aan de tafel.

Op 25 november 1975 wordt Suriname een onafhankelijke republiek. Het nieuwe land zal nog veel steun krijgen van Nederland, maar vanaf deze datum zullen Surinamers zelf proberen van hun land een leefbare samenleving te maken. Zullen zij zelf kunnen bepalen wat er in hun land gebeurt. Is er een einde gekomen aan het koloniale tijdperk. Ligt hun lot in eigen handen.

(From H. Barnard *Kon hesi baka, kom gauw terug* (1976))

erger – what's worse
voorop staan – to be of most importance
sluiten – to enter into
gelijkberechtigd – having equal rights, enjoying equal treatment
stuwdam – a power-dam
aluinaarde – aluminium-bearing soil
uithalen voor – to benefit, do good to
ondersteuning – support, here unemployment benefit, social security
droevig gesteld met – a sad situation for
afrekenen met – to put an end to
leefbaar – adequate to live in

↓ Why the order V NP?

15

Deur

Mijn hand strijkt over uw deur.
Telkens weer
wijkt op de oude manier
plint en paneel.
Ik ga binnen en ben niet meer
dan kloppend hart en nier.

(From Gerrit Achterberg *Cryptogamen* III (1954))

Part of a campaign to encourage the use of postal codes. See also articles on pp. 62 and 78

Ook op een boze briefkaart hoort de postcode.
POSTCODE – Gebruik 'm goed.

(Advertisement in *NRC-Handelsblad* 10th June 1978)

Dutch weather is always suitable material for a sour joke

(From *Nieuwsblad van het Noorden* 31st March 1979)

FIETSENDE AMBASSADEUR

Het Griekse ochtendblad To Vima heeft in zijn zondagseditie prijzende woorden voor de Nederlandse ambassadeur in Athene, mr. A.F. Calkoen, omdat hij geregeld per fiets van zijn ambtswoning naar de nieuwe kanselarij – vlak naast de woning van premier Karamanlis – rijdt, hetgeen voor de Griekse hoofdstad iets zeer uitzonderlijks is.

'Zwenkend tussen de eindeloze vierwielers, glimlachend en op zijn gemak lost de kalme fietser, die tot de meest beminden in het diplomatieke corps behoort, op zijn eigen wijze ons eigen verkeersprobleem op', aldus het Atheense oppositieblad.

(From *NRC-Handelsblad* 29th May 1978)

mr. *abbrev.* of 'meester', a title carried by a law graduate
ambtswoning – official residence

A section from the Dutch equivalent of the Highway Code

Als er een verplicht fietspad is (witte fiets op rond blauw bord) moeten fietsers en bromfietsers daar rijden. Is er geen fietspad, dan rijden ze op de rijbaan. Is er een verplicht fietspad, dan mogen bromfietsers op de rijbaan rijden, indien er onder het bord een onderbord vermeldt:

'Bromfietsen op de rijbaan toegestaan'.

Op een toeristisch fietspad (zwart rechthoekig bord met het woord 'fietspad') mag een bromfiets alleen rijden als de motor is afgezet.

Bromfietsers mogen NIET naast elkaar rijden. Fietsers mogen met twee naast elkaar rijden als het andere verkeer er niet door wordt gehinderd. Andere voertuigen mogen niet op een fietspad rijden. Een voetganger steekt een rijbaan of fietspad voorzichtig, zonder nodeloze onderbreking en haaks, over. Is er een 'zebrapad' binnen 30m afstand, dan moet hij daarvan gebruik maken.

Hij heeft daarop voorrang boven het rijverkeer, maar mag zich slechts op het pad begeven als het verkeer redelijk kans heeft te stoppen.

Maximum snelheid bromfietsen:
binnen bebouwde kom: 30 km/u
daar buiten: 40 km/u.

17

BIJZONDERE REGELS VOOR FIETSERS

(1) Een fietser mag niet:

    a. zich laten trekken of duwen door een ander voertuig dan een fiets

    b. 'loshandje' rijden

    c. een ander voertuig voortbewegen, behalve een vastverbonden zijspan- of aanhangwagen

    d. meer dan één dier geleiden

    e. gevaarlijke voorwerpen meevoeren.

(2) Een fietser beneden 18 jaar mag één persoon vervoeren die niet ouder is dan de fietser zelf. Een fietser boven 18 jaar mag één persoon meevoeren, ongeacht diens leeftijd, of twee kinderen beneden tien jaar. Kinderen beneden tien jaar moeten een doelmatige en veilige zitplaats hebben en een steun voor de rug, handen en voeten.

BIJZONDERE REGELS VOOR BROMFIETSERS

(1) Een bromfietser mag niet:

    a. zich door een voertuig laten trekken of duwen

    b. 'loshandje' rijden

    c. een ander voertuig voortbewegen, behalve een zijspanwagen

    d. een dier geleiden

    e. gevaarlijke voorwerpen vervoeren

    f. onnodig geluid veroorzaken (niet onnodig met het gashandle spelen; niet aan de uitlaat knutselen zodat die meer lawaai maakt)

(2) Een bromfietser boven 18 jaar mag één persoon vervoeren op een doelmatige en veilige zitplaats, de voeten aan weerszijden op voetsteunen. Kinderen beneden tien jaar moeten bovendien steun hebben voor rug en handen.

(From *Veilig Verkeer Nederland* Politie-Publikaties)

rijstroom – traffic lane
verkeersheuvel – traffic island
bromfiets – moped

From a book of
aphorisms

– Zaag niet, sprak de boom tot de zaag, gij zegt altijd hetzelfde.

– Ik zaag niet, zei de zaag, ik boom.

(From Karel Jonckheere Halve zolen en achterlappen (1974))

gij, much used in Southern Dutch or Flemish for 'jij' or 'u'

From an
interview with a
young Dutch
composer/con-
ductor who
specialises in
unconventional
musical
evenings

Van Beurden:

'Het wordt niet zomaar een voorstelling, ik wil alle ouders
en kinderen met huid en haar mee laten doen. Geen boeroepen of meezingen, nee, ze worden aan het werk gezet. Het
wordt een spel vol verwarringen, waar ik eigenlijk nog niets
over mag verklappen.'

Het meedoen van het publiek was ook een kenmerk van vorige TUD-manifestaties. In Osdorp voerde het ensemble
een compositie voor 2000 kammen en orkest uit, waarbij
het publiek de kammen bespeelde. Bij andere gelegenhe-
den moest het publiek instrumenten als messen en vorken
meenemen of zelfgeschreven gedichten waarbij dan muziek werd gecomponeerd. In het Amsterdamse theater Bel-
levue organiseerde Van Beurden de afgelopen herfst onder
de naam Dichter op de muziek, een serie muzikale poëzie-
avonden, waar verschillende dichters aan meewerkten.

Van Beurden:

'TUD wil een groep zijn die de zaak openhoudt. We proberen op onze eigen manier vernieuwend rond te trekken.
Juist doordat alles om me heen inslaapt, alles weer dicht-
slibt in deze suffe jaren zeventig, word ik in mijn vak steeds
fanatieker. Tijdens mijn ziekte ben ik weer op allerlei nieuwe ideeën gekomen voor het TUD-ensemble en voor die
ideeën wil ik nu ook subsidie gaan aanvragen.'

Een van de ideeën heeft betrekking op een soort 'bewe-
gingsconcert' waarvoor Van Beurden de naam Zit nou es
stil verzon. Op dit concert zal het publiek niet alleen een
muzikale inbreng hebben, maar ook, op de plaats, mogen
bewegen. Bij de bejaarden-concerten wil Van Beurden op
een gerichte manier instrumentale en vokale muziek uit het
verleden afwisselen met eigentijdse muziek, die veel bejaarden vreemder in het gehoor zal liggen.

19

Het TUD-ensemble – dat nu bestaat uit een trompettist, trombonist, accordeoniste, slagwerker, zanger-gitaarspeler, fluitist en een zangeres, waarbij Van Beurden zelf als violist en leider optreedt – zal in het komende najaar ook weer 'Dichter op de muziek'-avonden organiseren, in Nederland maar ook in België, Duitsland en misschien in Californië.

(From *NRC-Handelsblad* 25th March 1978)

TUD, acronym of Tot Uw Dienst, the name of Mr van Beurden's group
met huid en haar – with heart and soul, with everything they have (usually in combination with eating, meaning eating something greedily, leaving nothing)
boeroepen – to boo
dichtslibben – *lit.* to silt or clog up (of a waterway); here to stagnate
es – *colloq.* for 'eens'
zit nou es stil – just keep still (in your seats)
inbreng – contribution
vreemd in het gehoor liggen – to sound strange in one's ears

From a regular cartoon in *NRC-Handelsblad* concerning life with 'the box'

DE KLUSSENBUS VOOR KLUSJES

In het zuiden van ons land rijden zes klussenbussen. Grotendeels bemand met ex-werklozen. Ze knappen klusjes op waar de erkende bedrijven geen tijd meer voor hebben – of te duur voor zijn geworden. Een uitkomst voor alleenstaanden en bejaarden.

Het initiatief voor een klussenbus ontstond bij de stichting Mens- en Milieuvriendelijk Ondernemen (MeMO). Een kleine stichting, die zich voornamelijk bezighoudt met het adviseren van kleine milieuvriendelijke bedrijven. MeMO draait – met moeite – op eigen krachten: een voorzitter, een jurist, een bedrijfskundige, een kleine beleidsgroep en een secretariaat. Voorzitter Siets Leeflang: 'Het doen van klussen aan huis is natuurlijk niet nieuw. Vooral in deze tijd van werkloosheid wordt het steeds gemakkelijker een klusjesman te vinden. Kwalijk is echter dat het opknappen van klusjes meestal zwart wordt gedaan. Ons doel is het illegale legaal te maken. Het zwart weer wit. Vandaar ook het idee van de bus. Wij kopen oude bussen van Van Gend en Loos. Deze bussen zijn niet in de handel en met onze naam erop, dus duidelijk herkenbaar.

Een prachtig initiatief en er waren mensen genoeg die het risico wel aandurfden uit de werkloosbijstand te stappen. Mensen die wilden werken, die doodziek werden van het rondlummelen en hun hand op te moeten houden bij Sociale Zaken.

(From *Elseviers Magazine* 28th October 1978)

klus – chore, odd job
zwart – *here* illegal
wit – *here* legal
Van Gend en Loos, a national firm of carriers

DE MANNEN

The following two stories come from a volume describing the tragic war-time experiences of a Jewish family during the Nazi German occupation of the Netherlands (1940-45)

Op de avond dat de mannen kwamen liep ik het tuinpoortje uit. Het was een zachte voorjaarsdag geweest. We hadden 's middags in ligstoelen in de tuin gelegen en 's avonds merkte ik dat mijn gezicht al wat verbrand was.

Mijn moeder was de hele week ziek geweest en die middag lag ze, weer wat opgeknapt, in de zon.

'Morgen begin ik aan een zomertrui voor je', beloofde ze mij. Mijn vader lag zwijgend een sigaar te roken en liet het boek op zijn schoot dichtgeslagen.

In de schuur had ik een racket en een tennisbal gevonden, waarmee ik wat ging oefenen tegen het muurtje. De bal vloog er geregeld overheen en dan moest ik het tuinpoortje openen om hem in de straat op te sporen. Ook kwam hij wel eens achter de schutting terecht. Tussen onze tuin en die van de buren was een smalle geul, met aan weerszijden een schutting. Je kon er net in staan zonder gezien te worden. Terwijl ik naar mijn bal zocht, kwam mijn vader kijken.

'Dat zou een mooie schuilplaats zijn', zei hij.

Hij klom over de schutting en we hurkten achter een boom, die noch van ons, noch van de buren was. Onze voeten zakten weg in de zachte grond en het rook er naar rotte bladeren. Terwijl we daar in het halve duister verborgen zaten, floot mijn vader even.

'Hallo', riep hij daarna.

'Waar zitten jullie?' vroeg mijn moeder. Ze scheen gedut te hebben.

'Kun je ons zien?' riep mijn vader.

'Nee', riep mijn moeder, 'waar zitten jullie dan?'

'Hier', zei mijn vader, 'achter de schutting, kijk maar eens goed.'

We gluurden door een spleet en zagen mijn moeder dichterbij komen.

'Ik zie jullie nog steeds niet', zei ze.

'Mooi', riep mijn vader. Hij rekte zich uit en sprong behendig over de schutting.

'Blijf jij nog even zitten', zei hij tegen mij. Hij beduidde nu mijn moeder dat ze ook moest proberen er overheen te klimmen.

'Waarom nou?' vroeg ze.

'Probeer het maar eens', zei hij.

Mijn moeder moest het een paar keer overdoen voor mijn vader vond dat ze het vlot deed. Hij klom er nu zelf ook weer overheen en met zijn drieën hurkten we in de geul.

'Geen mens die ons hier zoekt', zei hij. 'Laten we nog even blijven zitten, om te zien of we het lang in deze houding uit kunnen houden.'

Maar ik ontdekte tussen de bladeren mijn bal. 'Ik ga backhand oefenen', riep ik en sprong de tuin in. Mijn vader en moeder bleven zitten.

'Zie je ons?' vroeg mijn vader.

'Nee', riep ik, 'ik zie niets'. Daarop kwamen ze weer te voorschijn. Mijn moeder klopte haar kleren af.

'Ik ben helemaal vies geworden', zei ze.

'Morgen zal ik er een kuil graven en de bladeren wat weg-harken, zodat we beter kunnen zitten', zei mijn vader.

Die avond, na het eten, stond ik voor het raam en keek naar buiten. Er liep geen mens op straat. Het was zo stil dat je de vogels kon horen fluiten.

'Ga maar bij het raam weg', zei mijn moeder.

'Er is niets te zien', zei ik. Toch keerde ik me om en ging zitten. Mijn moeder schonk thee. Zacht bewoog ze zich tus-sen de theetafel en ons.

'Misschien was het toch beter als we geen thee dronken,' zei mijn vader. 'Wanneer ze mochten komen, kunnen we vlug naar de tuin gaan'.

'Het is zo ongezellig zonder thee', vond mijn moeder. Lang-zaam werd het donker. Terwijl mijn vader de gordijnen dichtschoof, dreunden de eerste vrachtwagens voorbij. Hij bleef met het gordijn in zijn hand staan en keek ons aan.

'Daar gaan ze', zei hij.

'Ze rijden voorbij', zei mijn moeder. We luisterden naar de geluiden die van buiten kwamen. Het motorgeronk verwij-derde zich. Enige tijd bleef het stil. Daarna hoorden we op-nieuw auto's door de straat gaan. Het duurde nu langer voor het weer rustig werd. Maar toen viel er een stilte, die we nauwelijks durfden verbreken. Ik zag mijn moeder naar haar half gevulde theekopje kijken en wist dat ze het leeg wilde drinken. Maar zij bewoog zich niet. Na enige tijd zei mijn vader: 'We wachten nog tien minuten, dan steken we het grote licht aan'.

Maar voor die tien minuten om waren, ging de bel. Het was even voor negenen. We bleven zitten en keken elkaar ver-baasd aan. Alsof we ons afvroegen: Wie zou daar zijn? Alsof we het niet wisten! Alsof we dachten: Het kan net zo goed een kennis wezen die op visite komt! Het was immers nog vroeg in de avond en de thee stond klaar.

Ze moeten een loper gehad hebben.

Ze stonden in de kamer voor we ons hadden kunnen ver-roeren. Het waren grote mannen en ze hadden lichte regen-jassen aan.

'Haal onze jassen even', zei mijn vader tegen mij.

Mijn moeder dronk haar kopje thee uit.

Met mijn mantel aan, bleef ik in de gang staan. Ik hoorde mijn vader iets zeggen. Een van de mannen zei iets terug. Ik kon niet verstaan wat het was. Ik luisterde met mijn oor tegen de kamerdeur. Weer hoorde ik mijn vaders stem en weer verstond ik het niet. Toen draaide ik me om, liep de keuken door, de tuin in. Het was donker. Mijn voet stootte tegen iets ronds. Het moest een bal zijn.

Zacht trok ik het tuinpoortje achter me dicht en rende de straat uit. Ik bleef rennen tot ik op het Frederiksplein kwam. Er was niemand te zien. Alleen een hond liep snuffelend langs de huizenkant.

Ik stak het plein over. Het was alsof ik alleen was in een verlaten stad.

(From M. Minco *Het bittere kruid* (1957))

ligstoel – deckchair
motorgeronk – roar of cars
theetafel – side-table from which tea is served
loper – pass-key

DE HALTE

Enige weken na de bevrijding zocht ik mijn oom in Zeist op. De bezetters hadden hem ongemoeid gelaten omdat hij getrouwd was met een niet-joodse vrouw. Hoewel ik hem niet van tevoren geschreven had, zag ik hem bij de tramhalte staan.

'Hoe wist u dat ik komen zou?' vroeg ik hem.

'Ik sta iedere dag bij de halte te wachten,' zei hij. 'Ik kijk of je vader meekomt'.

'U hebt toch ook bericht gehad van het Rode Kruis?' vroeg ik.

'Ja', zei hij, 'dat kunnen ze nu wel zeggen, maar ik geloof het niet. Je kunt immers nooit weten?'

We staken het pleintje over en wandelden naar zijn huis, dat een minuut of twee van de halte vandaan lag.

Ik had mijn oom in geen jaren gezien. Ik vond hem erg veranderd. Hij moest even in de vijftig zijn, maar hij liep naast me met vermoeide, sloffende pasjes als iemand die niets meer van het leven te verwachten heeft. Zijn haar was spierwit geworden en zijn gezicht was geel en ingevallen. Hoewel hij altijd veel op mijn vader had geleken, kon ik nu geen gelijkenis meer bespeuren. Hij had niets meer van de vrolijke, zorgeloze oom van vroeger. Voor de deur van zijn huis bleef hij staan.

'Praat er maar niet met tante over', zei hij, zich naar mij toebuigend. 'Zij begrijpt het toch niet'.

Hij stak de sleutel in het slot. Ik ging achter hem aan de trap op. In een kleine, sombere kamer stond mijn tante thee te schenken. Mijn oom ging in een leunstoel bij het raam zitten.

'Van hier uit', zei hij, 'kun je de tram zien aankomen. Dat is heel gemakkelijk. Er is nu weer een geregelde dienst op Utrecht'.

Hij stond op en slofte de kamer uit.

'Oom is ziek', zei mijn tante tegen mij. 'Hij weet het gelukkig zelf niet, maar hij kan niet meer beter worden. Hij heeft het zich heel erg aangetrokken, van de familie'. Ik knikte. Ik zei dat het hem aan te zien was en dat ik hem zo veranderd vond.

'Sst', zei ze, met de vinger op de lippen. Hij kwam binnen.

'Kijk', zei mijn oom. Hij liet een paar donkere kledingstukken zien, die hij over zijn arm droeg. 'Dit is een keurig pak, er mankeert helemaal niets aan'.

'Van u?' vroeg ik.

'Ik heb het al die jaren bewaard', zei hij. ''t Hing netjes in de kast met mottenballen er tussen'. Er klonk iets triomfantelijks in zijn stem toen hij me toefluisterde: 'Voor je vader'.

Hij hing het voorzichtig over een stoel en vervolgde: 'Ik heb ook nog een paar schoenen in de kast staan. Zo goed als nieuw. Wil je ze zien?'

'Straks maar', zei ik. Maar hij vergat het, want toen ik na enige tijd opstond om te vertrekken, schoot hij gauw in zijn jas.

'Ik loop even met je mee', zei hij, terwijl hij zijn horloge raadpleegde. 'De tram komt zo aan'.

Maar de tram stond juist op het punt te vertrekken. Ik nam haastig afscheid en sprong er in. Van het achterbalkon af zwaaide ik naar hem toen we wegreden. Maar hij zwaaide niet terug. Hij stond naar de tram te kijken die van de andere kant kwam en ik begreep dat hij die bedoeld had. Voor we de bocht om gingen zag ik hem, klein en gebogen, turen naar de reizigers die aan de halte uitstapten.

Ik bezocht hem daarna nog verscheidene malen. Nooit stuurde ik van tevoren bericht. Altijd stond mijn oom aan de halte. Iedere keer zag hij er ouder en zieker uit en liet hij het kostuum zien, dat hij in zijn kast bewaarde. Op een dag kreeg ik bericht van mijn tante, dat mijn oom gestorven was. Ik ging weer naar Zeist en in de tram dacht ik er aan hoe vreemd het zou zijn, mijn oom niet aan de halte te zien. Onwillekeurig keek ik bij het uitstappen om me heen.

In de halfdonkere kamer zat mijn tante aan tafel met een kruiswoordraadsel voor zich. In haar hand hield ze een potlood met een scherp geslepen punt. Ik ging in de stoel bij het raam zitten en schoof het gordijn wat opzij. Aan het eind van de straat zag ik een gedeelte van het wachthuisje.

'Hij zat daar zo graag', zei mijn tante. 'Hij keek naar de tram'.

'Je kunt hem van hier af zien aankomen', zei ik.

'Ja', zei ze, 'dat zei hij ook. Ik heb 't eigenlijk nooit goed gezien'. Ze ging achter mij staan en boog zich over me heen.

'Nauwelijks', zei ze, 'je kunt er nauwelijks iets van zien'.

Maar dat was niet waar. Uit de stoel van mijn oom was de halte duidelijk zichtbaar. Ik begreep nu ook waarom mijn oom gezegd had, er maar niet met tante over te praten. Even voor ik wegging, kwam mijn tante met het kostuum aandragen.

'Kijk', zei ze, 'oom heeft gezegd dat ik het aan jou moest geven'.

'Ik kan er niets mee doen', zei ik. 'Geeft u het maar aan iemand die het gebruiken kan'.

Ze boog zich over haar kruiswoordraadsel, toen ik de kamer uitging. Langzaam liep ik naar de halte. Ik had al gezien dat er nog geen tram gereed stond. Maar er was intussen een van de andere kant gekomen.

Ik bleef staan om te kijken naar de mensen die uitstapten, alsof ik op iemand wachtte. Iemand met een vertrouwd gezicht, vlak voor het mijne. Maar ik miste het geloof van mijn oom. Ze zouden nooit terugkomen, mijn vader niet, mijn moeder niet, Bettie niet, noch Dave en Lotte.

(From M. Minco *Het bittere kruid* (1957))

bezetters – occupying forces
wachthuisje – (bus)shelter

The poem is by
E.J. Potgieter
(1808-75)

EEN BEETJE IJS MAAKT HEEL NEDERLAND ACTIEF

'k Heb fraaijer

geen draaijer

gezien op de

baan,

dan jij,

die tot zesmaal

beentje over

kan slaan

Schaatsenrijden zit de Nederlander in het bloed. Het schonk onze taal kernachtige spreuken, de kunst een reeks prachtige schilderijen, prenten en etsen. Onze letterkunde menig schalks gedicht. Hooft noemde het ijs dan ook 'de sullebaan der liefde'.

(From *Elseviers Magazine* 27th January 1979)

beentje over slaan – to lift one leg over another whilst skating, a good method for turning right or left
sullebaan – *obsol.* slide
P.C. Hooft (1581-1647), a major Dutch poet

An
advertisement
for the model
city
Madurodam. Its
profits go to
charity and
many of the
buildings and
features have
been donated

MADURODAM

Sinds de opening van Madurodam in 1952 hebben 27.000.000 enthousiaste bezoekers dit stadje van de glimlach bezocht. Het miniatuurstadje in Den Haag/Scheveningen dat zoveel vreugde gaf en vreugde schept. Vreugde voor miljoenen en werk voor 50 mensen... Uit het batig saldo werd voor vele goede doelen reeds f9.000.000,– (in guldens van nu) uitgekeerd aan instellingen werkzaam op maatschappelijk en kultureel gebied, in het bijzonder in het belang van de Nederlandse jeugd. Tot 21 oktober kunt u genieten van dit droomstadje – een meesterwerk van fantasie en precisie – met de middeleeuwse stadswijken, kastelen, historische gebouwen, moderne architektuur en evenementen.

U hoort er het draaiorgeltje en het fanfarecorps werkelijk spelen!

Dagelijks geopend van 9.30 – 21.30 uur.
U kunt er gemakkelijk komen met de voordelige dagtocht van NS.

Wie Madurodam ook bij avond bezoekt, beleeft een sprookjesachtig avontuur als de meer dan 50.000 lampjes in het stadje gaan branden. Dit alleen maakt een bezoek aan 'Nederland in 'n notedop' meer dan de moeite waard!

(Advertisement in NRC-Handelsblad 29th Sept. 1979)

NS, abbrev. of Nederlandse Spoorwegen

Politiek: de kunst om daden om te zetten in woorden.

(From Karel Jonckheere Halve zolen en achterlappen (1974))

DIRECTIESECRETARESSEN

Het overkomt me meer dan eens. Ik bel een belangrijk man, ik krijg de secretaresse, ik vraag naar die b.m. en zij informeert zakelijk: 'Voor wie belt u?' Eerst begreep ik het niet, wat betekende dat nou, 'Voor wie belt u?' Naderhand ging mij een licht op. Een vrouw die een b.m. belt, is secretaresse van een andere b.m. Een vrouw belt een b.m. nooit uit zichzelf, of voor zichzelf. Zij doet dat uitsluitend namens een collega-b.m.

Mijn kattige antwoord is sindsdien: 'Ik bel voor mezelf'. Ik word dan doorverbonden, maar de verwondering aan de andere kant is voelbaar. Er is daar duidelijk een vermoeden van een geheime relatie met die b.m., een stiekeme afspraak in een bruin café.

De Nederlandse Vereniging van Directiesecretaressen houdt vandaag haar algemene ledenvergadering in Utrecht. Jammer dat ik er, als niet-lid, niet bij mag zijn. Ik zou 'Voor wie belt u?' in de rondvraag naar voren brengen, met eis tot onmiddellijke afschaffing. Want het is een ongeëmancipeerde vraag die de klok weer jááááren terugzet.

En dat lijkt me, juist daarboven aan de top met al die belangrijke mannen, niet zo'n goed idee.

(From *De Telegraaf* 29th March 1979)

doorverbinden – to put through (on the telephone)
bruin café – a café which tries to create an intimate atmosphere, often with a lot of brown
wood. It mainly attracts young people

**Een dagje uit.
De benen strekken.
Hossebossen.
En flierefluiten.
Paden op en
lanen in.
Er naar toe met
baby's en kleuters.
Met ons autootje.**

*Blij
Dat ik Rij*

hossebossen – to romp about

(Advertisement in *NRC-Handelsblad*)

An article in 'De Kampioen', the journal of the ANWB, the Dutch equivalent of the AA/RAC. The initials stand for Algemene Nederlandse Wielrijdersbond (General Dutch Cyclists' Association), an indication of the original aims of the Association. Since World War II it has become more and more concerned with the motorcar

ASJEBLIEFT... NIET IN 'T RIET!

'Asjeblieft... niet in het riet', is de naam van een actie die tot doel heeft rietkragen langs de waterkant te behouden. Die rietkragen zijn belangrijk. En er zijn mensen die daar niet altijd bij doordenken. De rietkraag is de natuurlijke afscheiding van land en water. Deze functie wordt wel eens vergeten, hoewel iedereen oog heeft voor het feit dat vele meren en andere wateren hun landschappelijke schoonheid ontlenen aan de rietkraag.

Daarnaast heeft het riet nog andere functies, zoals: het beschermen van de oevers, en het bieden van een 'thuis' aan vele bijzondere planten, vogels en vissen.

ONACHTZAAMHEID

Onachtzaamheid is eigenlijk de sterkste bedreiging van de rietkraag. De beschadigingen ontstaan bij het afmeren in de rietkraag, bij het ankeren in het riet, en bij het snel varen langs het riet. Ook zwemmers en vissers beschadigen bij betreding van het riet de rietkraag. Daardoor komen er gaten en ontstaan zelfs kale oevers. Het is begrijpelijk dat op verschillende plaatsen de rietkraag niet meer toegankelijk wordt gesteld.

ERNSTIGE GEVOLGEN

Men realiseert zich de gevolgen dikwijls niet. Meestal is er geen sprake van opzet, maar van argeloosheid. Wat kan er dan allemaal gebeuren? Bij het afmeren in de rietkraag, knakken de rietstengels. Als een snelvarende boot het riet wordt ingestuurd worden ook de wortelstokken van het riet beschadigd of afgebroken. Dat gebeurt in de praktijk vele malen. Het riet sterft dan en er kan op de duur een kleine of grote inham ontstaan. Zo'n gat groeit het volgende jaar niet meer dicht. De eigenaar van het achterliggende land moet dan zijn oever tegen afkalven beschermen. Hij moet dat degelijk doen om niet gedurig aan de gang te blijven. Vaak ontstaat er dan een saaie beschoeiing of een ontsierende puinstort. Snel varen in smalle wateren vormt ook een ernstige bedreiging voor de rietkraag. Te snel varende schepen zuigen de grond weg, waardoor delen van de rietkraag losscheuren.

RIET IS ONS BELANG

Het behoud van het riet is trouwens het rechtstreekse belang van de toerist. Wanneer wij het met elkaar zo ver laten komen dat er geen riet meer langs de oevers groeit gaat de watertoerist het riet wel missen! Want hij kan dan niet meer voor anker gaan in de beschutting van de rietkraag. Hij zal ook merken dat de golfslag langs de oevers niet meer wordt gedempt door het riet, maar wordt teruggekaatst door de nieuwe harde oeverbescherming. En als de watertoerist aan lager wal raakt loopt hij de kans dat hij niet meer wordt opgevangen door het riet maar met zijn schip op een puinstort terecht komt.

En daarnaast is er uiteraard het landschappelijke aspect. Kleine meren en plassen zullen de beslotenheid missen die vooral aan de rietkraag wordt ontleend. En de vogels zullen, evenals de planten, verkommeren aan een dode, strakke oever.

(From *Kampioen* June 1978)

asjeblieft – *colloq.* for 'alsjeblieft'
rietkraag – edging, *lit.* collar, or reeds
doordenken – to think something out and reflect on it
wel eens – occasionally
oog hebben voor – to have an eye for
landschappelijk – scenic
afmeren – to moor

betreding – entering
argeloosheid – lack of awareness, thoughtlessness
wat kan er dan allemaal gebeuren? – what kind of thing is likely to happen?
wortelstok – rootstock
inham – inlet
dichtgroeien – to close up
achterliggend – lying behind
afkalven – to cave in
degelijk – properly
beschoeiing – sheet-piling of waterways with piles, stones, etc.
puinstort – protective wall of rubble
aan lager wal raken – *usu.* in *transf.* sense of 'to fall on bad times' but here in the original
nautical sense of 'to be thrown on to a lee shore'
verkommeren – to wither away, to perish

An extract from a novel in which a young woman describes her youth

'In Petten woonde ik vlak achter de dijk,' zei zij. 'Daar ben ik ook geboren. Als ik uit het raam keek of het huis uit kwam, zag ik altijd die dijk. Hij is hoger dan ons huis en het was net of de horizon twintig meter verderop lag. Een kaarsrechte horizon van steen. In de zomer lopen er meestal mensen op, uit de campings in de buurt, maar het grootste deel van het jaar is hij leeg. De zee is maar heel zacht te horen, maar als je op de dijk klimt ligt hij daar opeens te brullen, net een beest met gemene tanden, en de wind blaast in je gezicht. Altijd wind, wind, en die rotdijk.'

(From Harry Mulisch *Twee vrouwen* (1975))

A surprising angle on books and teaching aids

HET BOEK

Er is eens een artikeltje geschreven waarin een 'nieuw' onderwijsmiddel werd besproken. Het was een soort teaching machine en het werd ook als zodanig beschreven. Het apparaat werkte geheel zelfstandig – los van het lichtnet – en de bediening was zo eenvoudig dat iedereen het kon bedienen, er was zelfs geen gebruiksaanwijzing voor nodig en het apparaat was praktisch onverslijtbaar. Het kon informatie overbrengen d.m.v. teksten en beelden, vragen stellen enz. en wanneer men de aangeboden informatie had verwerkt kon men, door een eenvoudige vingerbeweging de volgende informatie tevoorschijn roepen. Het apparaat was klein, bepaalde uitvoeringen zelfs zo klein dat men het in zijn jaszak kon meenemen. Software problemen waren er niet, het apparaat was hardware en software tegelijk, enz. enz. De naam van het apparaat was B.O.E.K.

Het was een leuk grapje, vooral in de tijd van de 'teaching machine rage' maar het bevatte toch een kern van grote waarheid. Het boek is inderdaad een ideaal, onvervangbaar, goedkoop onderwijsmiddel, een bron van informatie die altijd ter beschikking is. Maar het nuttig effect van het boek kan nog verbeterd worden wanneer het boek aangevuld wordt.

Zelfstudie, alleen m.b.v. boeken is moeilijk, en er zijn maar weinig mensen die uitsluitend op die manier, zonder enige begeleiding, de verlangde studieresultaten behalen. Studiebegeleiding is meestal een noodzaak en daarvoor is een begeleider, een docent nodig. Eigenlijk zouden we dus bij de lijst van A.V. media ook de docent moeten plaatsen en wanneer we de A.V. middelen beschouwen als hulpmiddel *voor de leerling* en niet als hulpmiddel voor de docent dan is de leraar ook inderdaad een A.V. medium.

(From *Audiovisuele middelen voor het onderwijs* (1975) N.V. Philips, Eindhoven)

lichtnet – mains
d.m.v., *abbrev.* of 'door middel van'
m.b.v., *abbrev.* of 'met behulp van'
studiebegeleiding – help with studying (given by a teacher), study counselling

EEN GELUKKIG MAN DOOR DE TWIJFEL VERRAST

Op een dag twijfelde ik weer. Het gebeurt mij niet zo veel. Minder en minder zelfs. Je weet hoe het gaat, als je beroemd geworden bent en nog jong, met honderdmaal zoveel talent als wie je (toen je jonger was) benijdde, als je het geloof, het geluk en het lot (dat men vroeger de Moira noemde) in de mouwen hebt, met op je schoot de mooiste filmster en in je zakken zakken vol geld (in dollars), als je goedgevormd bent, met een zuiver profiel.

Toen twijfelde ik en ik wist niet hoe het kwam.

'Ik moet het nagaan, onderzoeken, de pijnlijkste details op de pijnbank leggen,' dacht ik.
Maar de filmster zei: 'Zoen mij, streel mijn lichte leden', en de uitgever: 'Schrijf mij een roman met veel wanhoop, daar ben je op je best in', en de tijd om te onderzoeken kwam niet.

Nu is dit allemaal voorbij, het geld en het profiel en de warme liefde. Kroop er iets uit mijn mouwen?

Wanneer?

De twijfel is een taaie vogel.

En de razernij die mij plots aan vlokken trekt.

(From Hugo Claus *Natuurgetrouwer* (1969))

Moira, the ancient Greek goddess of fate

An article about an entry in the standard Dutch dictionary, the 'dikke van Dale'; van Dale was the original editor of this 'fat' volume

KAMPEN BOOS OP 'DIKKE VAN DALE'

De stad Kampen, trots op zijn roemrijk hanzeverleden, voelt zich door de uitgever van het Groot Woordenboek der Nederlandse taal, ofwel 'de dikke van Dale' in zijn eer aangetast en eist van de samenstellers een rectificatie van de omschrijving Kampenaar.

Bij dit trefwoord staat op pagina 1114 in de tiende, geheel opnieuw bewerkte druk: 'Oude stad in Overijssel van welker burgerij allerlei dwaze streken en onnozelheden worden verteld'.

Deze niet mis te verstane omschrijving van de oorspronkelijke Kampenaar is de bevolking, na die aantijging in voorgaande drukken voor zoete koek te hebben geslikt, nu ineens in het verkeerde keelgat geschoten.

In de binnenstad van Kampen komt nu zelfs een speciale stand van de gemeente waar iedereen, die zich aan de gewraakte passage in het woordenboek ergert, zijn handtekening onder een verweerschrift kan zetten dat over enige tijd door een delegatie Kampenaren aan de uitgever Martinus Nijhoff in Den Haag, zal worden overhandigd.

Dit samen met het verzoek de Kampenaar in het vervolg in het Groot Woordenboek wat milder naar voren te laten komen.

Initiatiefnemer gemeenteambtenaar John Kummer: 'Wanneer je in ons land aan een bepaald woord of een uitdrukking twijfelt dan zoek je het op in de 'Dikke van Dale'.

Wat daarin staat wordt vanzelfsprekend als waar aangenomen. Maar Kampen is een mooie historische stad met een

33

vanouds ondernemende burgerij. Onnozelheid en dwaasheid komen hier heus niet als handelsmerk voor'.

Bij de redactie van Van Dales woordenboek in Den Haag is de boze uitbarsting van de Kampenaren als een bom ingeslagen.

Redactielid L. Omens hierover: 'Een Kamper ui (een boertig vertelsel – red.) is op de een of andere manier in het taalgebruik van de Nederlanders doorgedrongen en daarom staat het in Van Dales woordenboek.

In Kampen kunnen ze dat vervelend vinden, maar het is nu eenmaal zo en daarom blijft het in Van Dale staan'.

In Kampen is men het met die visie beslist niet eens en heeft de gemeente bovendien speciale stickers in de strijd geworpen die de 30.000 inwoners moeten stimuleren om aan de handtekeningactie deel te nemen.

(Henk de Koning in *De Telegraaf* 29th March 1979)

hanzeverleden – Hanseatic past. The Hansa was a flourishing medieval trading organisation mainly concerned with the Baltic and consisting mostly of German and Dutch ports
samensteller – editor, compiler
trefwoord – headword
van welker burgerij – of whose citizenry
niet mis te verstaan – unmistakable
aantijging – imputation
in het verkeerde keelgat geschoten – gone down the wrong way, offended
binnenstad – central part of town
gewraakt – offending
verweerschrift – written defence
naar voren laten komen – to present
handelsmerk – trademark, specific characteristic
red., *abbrev.* of 'redactie'
het is nu eenmaal zo – that's how it is
sticker, one of many English words used in modern Dutch

A short story divided into two sections

DRIE JAAR IS TE LANG

1. 'Straks loopt de wekker af,' zei de vrouw. Ze zat in haar ochtendjas (een blauwe met gele palmen) op de rand van het bed.

'Zet hem af, wil je,' vroeg de andere vrouw, die half overeind in bed zat, een sigaret rookte en eigenlijk nog veel te slaperig was om op te staan.
De morgen was begonnen. Door het raam zag ze een gedeelte van de haven – een sleepbootje en verder naar achter, wa-

zig een paar kranen en een silo. Het stuk van de haven, dat ze niet kon zien, lag verborgen achter een groot gebouw, waar al sinds tien minuten mensen instroomden, kantoormeisjes, en bleke mannen in dunne, witte regenjassen.

'Het is wel een mooie dag,' meende de eerste vrouw. Ze keek uit het raam in de lucht, op zoek naar de bewijzen voor haar veronderstelling, maar zij vond die niet, want de zon verborg zich juist achter een enorme grijze wolk. De andere vrouw zei dan ook niets. Ze sloeg met haar hand een beetje sigaretteas weg, die op haar nachthemd was gevallen.

'Ben je nu niet opgewonden?' vroeg de eerste vrouw.

'Nog veel te slaperig,' antwoordde de ander.

'Maar word dan toch wakker!'

'Waarom zou ik? Zolang één van ons opgewonden is, is het wel genoeg.'

De eerste vrouw stond op en liep naar het gasstel, dat op een wankel tafeltje in een hoek van de kamer stond. 'Ik zal thee zetten,' zei ze. De ander liet zich vanuit haar zittende positie weer in bed glijden. Ze drukte haar sigaret uit in een asbakje, dat op de dekens stond en sloot haar ogen.

'Maar het is toch je man,' zei de eerste vrouw. Het gas plofte aan. De andere vrouw schrok wakker, vouwde haar armen onder haar hoofd en sloot haar ogen niet.

'Ik sliep alweer,' zei ze.

'Zijn trein zal nu wel zo binnenkomen.'

'Ach ja,' zei de vrouw in bed. Er kwam langzamerhand een wrevelige trek om haar lippen.

De eerste vrouw kwam weer op bed zitten. Ze streelde met haar hand over haar ochtendjas.

'Hij moet nodig eens in de was,' zei ze.

'Ik wou dat hij niet kwam,' zei de andere vrouw plotseling driftig. De ander keek haar verbijsterd aan.

'Maar het is toch je man,' herhaalde ze.

'Wat dan nog?' vroeg de vrouw in bed. Ze ging weer overeind zitten en grabbelde naar het pakje sigaretten, dat naast haar op een stoel lag. Ze maakte een onhandige beweging en het asbakje viel om over de dekens. De vrouw vloekte.

'Ga eens van het bed af,' zei ze. De ander gehoorzaamde en de vrouw trok met een beweging de bovenste deken van het bed af en wierp hem op de grond. Toen ging ze weer liggen. Ze stak geen sigaret meer op. 'Drie jaar is hij weg,' zei ze. 'Ik ben niet van het Leger des Heils. Zoveel liefde bezit ik niet. Hij kan maar beter niet komen.'

'Maar hij is toch niet voor zijn plezier weggeweest.'

'Drie jaar is te lang.'

'Dat was het voor hem ook.'

'Het water kookt.'

De vrouw in de geelblauwe ochtendjas stond van het bed op, liep naar het gasstel en goot het kokende water in de theepot. De ander keek zwijgend voor zich uit.

2. 'Nee, nee, ik draag hem zelf wel,' zei de man tegen de kruier, die zijn koffer wilde aanpakken. Hij liep langzaam het perron af, de koffer van tijd tot tijd neerzettend om hem dan met zijn andere arm weer verder te dragen. De man droeg een nieuwe grijze regenjas, maar zijn schoenen waren oud en slecht gepoetst. De koffer was van zwartgeverfd imitatieleer. Toen de man het station uit was stond hij stil en keek om zich heen. Een taxi stopte voor hem en liet twee mensen uit. De taxichauffeur zag de man even vragend aan, maar bracht zijn wagen weer op gang, toen hij merkte dat de man hem niet eens gezien had. De stad is nog altijd even grauw als vroeger, dacht de man. Altijd hetzelfde. Over een uur gaat het regenen. In de kantoren zullen ze de lampen aandoen. De trams raken voller. De krantenverkopers schuilen in het tramhuisje. De agent zet zijn kraag op. Over een uur gaat het regenen, precies zoals drie jaar geleden.

Hij pakte zijn koffer op en stak het stationsplein over. De stad rook zelfs nog als vroeger: een vermoeide geur van benzine en afval en oude huizen. Hij keek naar een klein meisje dat voor hem liep. Haar witte kousen waren afgezakt en ze droeg een bruin manteltje dat haar te klein was; de taille zat bijna onder haar schouderbladen. Laat ik goed weten wat ik doe, dacht de man. Hij stond opnieuw stil en leunde tegen de pui van een sigarettenwinkel. Hij duwde met zijn voet tegen de koffer, tot die bijna omviel en trok dan zijn voet weer terug. Als de koffer omvalt... dacht hij. Ja, wat dan? Dan zou hij niet naar huis gaan. Het huis met de versleten trap en het klamme touw, met de brievenbus waarin altijd alleen maar reclamekrantjes van kruideniers en foldertjes voor prijsvragen lagen, het huis met de onafgescheurde kalender, waarop een boerderij stond afgebeeld, in de gang. En dan de kamer. De kamer, waarin zijn vrouw nu zeker nog wel in bed zou liggen, de ene sigaret na de ander rokend, als ze tenminste wakker was.

En het slappe kopje thee. Aan de wand de plaat van de twee apen, die een banaan schillen, kromgetrokken van ouderdom en vocht. En de oude broek van hem, die nog in de kast zou hangen, de pijpen uitgezakt en gerafeld. Maar de koffer viel niet om. De man keek er even naar, draaide zich toen om en ging de sigarettenwinkel binnen.

Hij kocht een pakje sigaretten van tien stuks (een nieuw merk) en knikte 'ja' toen de winkelier hem vroeg of hij roken wilde.

Toen hij, een sigaret in zijn mondhoek, de winkel weer uitkwam stond de koffer er nog net zo. Hij pakte hem op en liep de weg terug, die hij gekomen was, iets sneller dan tevoren nu en met iets meer moed, omdat zijn keuze ten slotte niet had afgehangen van het al of niet omvallen van een dood voorwerp.

(From Remco Campert Alle dagen feest (1952))

aflopen – to ring, go off (of an alarm clock)
hij moet nodig eens in de was – it badly needs washing
wat dan nog? – so what?
pui – shopfront
folder – brochure

Wetenschap

Aan de hemel vliegt een fles aan scherven
sterrenkundigen leggen hen
in het verlengde van hun nuchterheid
en zinnen op een grondslag voor
dit nog onbekend gelag waarin
een mond een fles voldrinkt
tot hij springt.

(From J. Bernlef Stilleven (1979))

gelag – score, esp. of drinks to be still paid for

From an
anniversary
article on
Christiaan
Huygens, the
great 17th
century Dutch
scientist and
inventor

Driehonderdvijftig jaar geleden, op 14 april 1629, werd Christiaan Huygens in Den Haag geboren. Toen hij negen jaar was, converseerde hij in het Latijn. Binnen drie jaar leerde hij vervolgens de viola da gamba, de luit en het klavecimbel bespelen. Weer twee jaar later had hij zelf een draaibank gemaakt. Een universeel nijver jongetje, dat één van Nederlands grootste geleerden zou worden.

Een van de eerste dingen waar Huygens zich voor interesseerde, was de botsing. Hij kwam tot het inzicht dat het verloop van een botsing niet door de absolute maar door de relatieve snelheid van botsende deeltjes wordt bepaald.

Hij illustreerde dit principe aan het voorbeeld van de varende man met een kogel in zijn hand die de stilstaande man met kogel ontmoet. De man in de boot vindt dat zijn kogel niet beweegt, maar de botsing en de daaropvolgende beweging van de kogel aan de wal, bewijst dat het wel zo is. Huygens bracht zo als eerste het principe van de relativiteit van beweging (waar Einstein later op voortborduurde) tot uitdrukking.

Huygens interesseerde zich ook voor de optica, ging net als Antoni van Leeuwenhoek zijn eigen lenzen slijpen en bouwde tenslotte een telescoop. Met die telescoop ontdekte hij o.a. de Saturnusmaan Titan en de ring rond Saturnus. Beide ontdekkingen publiceerde hij overigens in anagrammen – daardoor kon hij de ontdekking claimen zonder hem al helemaal theoretisch te hoeven verklaren.

Vervolgens ontdekte hij de 'onrust' als vervanging van de slinger in een uurwerk – nog steeds in de meeste horloges toegepast. Hij legde de grondslagen voor de moderne waarschijnlijkheidsrekening. Hij ontdekte het golfkarakter van licht. Hij stelde voor het octaaf in 31 in plaats van 12 delen te splitsen. Vlak voor zijn dood – 1695 – kwam hij tot de conclusie dat er ook op andere planeten dan de aarde leven mogelijk zou zijn en dat dat leven in zijn verschijningsvormen niet veel van het aardse leven zou verschillen.

(From *NRC-Handelsblad* 28th February 1979)

draaibank – lathe
ergens op voortborduren – to develop an (idea); *lit.* to continue and add to an embroidery
Antoni van Leeuwenhoek (1632-1723), Dutch scientist

Pressie zegt:

Steeds onder tien graden

Verwachting voor het Noorden:

Wisselend bewolkt met opklaringen en enkele buien. Matige zuidwesten wind. Te koud. O- verdag 7 à 8 gra- den.Vooruitzichten: Voorlopig nog te koud aprilweer met enkele verspreide buien.

Please note 'te koud'

See also pp. 16 and 66

(From *Nieuwsblad van het Noorden* 2nd April 1979)

(Advertisement in *NRC-Handelsblad*)

Part of an article
in the Dutch
estate agents'
newspaper

EEN GOEDE BUUR IS BETER DAN...

De wet laat begrijpelijkerwijze de zakelijke verhouding tussen twee buren niet helemaal aan hun persoonlijke verhouding over. Er valt immers nogal wat te regelen: erfafscheidingen, gezamenlijke muren, overhangende bomen e.d. Zo kan iedereen die in een stad of dorp woont z'n buurman dwingen bij te dragen in de kosten van een erfafscheiding. De gemeente bepaalt hoe deze eruit mag zien en welke hoogte geoorloofd is. Uiteraard is een eenvoudige schutting vaak voldoende; je kunt niet van de buurman verlangen dat hij meebetaalt aan een verfraaiing voor jouw genoegen. Het onderhoud van de gemeenschappelijke schutting is ook voor gezamenlijke rekening.

Het gebruik van een gezamenlijke bouwmuur door twee buren is aan duidelijke regels gebonden. Deze zijn vastgelegd in het burenrecht, voorkomend in het Burgerlijk Wetboek.

(From *CMK-Krant* November/Decemer 1978)

The title is a shortened form of the saying 'beter een goede buur dan een verre vriend'
Burgerlijk Wetboek – civil code (of law)

An article which
takes as its
starting point
for some fairly
lighthearted
philosophical
reactions the
huge gas-bubble
found in the
province of
Groningen near
Slochteren.
Please also read
the short
following item

GAS

Je kunt nog altijd de Nederlanders herkennen die de oorlog hebben meegemaakt.

Het zijn de mensen die geen oud brood weggooien. Zij eten er eerst de volgende dag van en als het dan nog niet op is, maken zij er broodpudding of paneermeel van. Het zijn de mensen die wel elke dag vers *kopen,* maar wat zij *eten* is het brood van gisteren. Voor hen zal de smaak van vers altijd een mysterie blijven. Nog geen *korst* hebben zij de laatste dertig jaar weggegooid. En als U mij vraagt waar de vogeltjes dan die dertig jaar van hebben geleefd, dan weet ik het ook niet.

Of het moest van de jongeren zijn. Want dat is een heel andere generatie. Daar gaat het oude brood bij bakken vol de deur bij uit. Want die leven uit de losse pols. Die hebben de oorlog niet meegemaakt. Het enige wat zij hebben meegemaakt is de gasbel.

De gasbel was een keerpunt in de vaderlandse geschiedenis. Sinds de bevrijding hadden wij zoiets niet meer meegemaakt. Alles kon ineens. De politici sloegen elkaar op de schouder en de economie zwol aan alsof er een blik spinazie in was leeggegoten. De lonen konden omhoog, de wegen konden verbreed en ook de werkweek bleek ineens stukken korter te kunnen als je het ziekteverzuim gewoon meerekende.

Er kwam een tweede net voor de gewone man, een tweede huis voor de middenstand en een tweede vrouw voor mensen die alles al hadden. En niemand hoefde meer voor zijn oude dag te zorgen, want dat deed nu de gasbel.

Het was alsof er stilzwijgend een nieuwe taakverdeling was afgesproken: de grootmoeders bleven de kinderen verwennen en het gas nam nu de grote mensen voor zijn rekening.

Zelden in de geschiedenis heeft iets dat geurloos, kleurloos en smaakloos is, de mensen zoveel plezier bezorgd. En het gekke is dat ze ons nooit hebben willen vertellen wie die gasbel nou eigenlijk ontdekt heeft. Vroeger moest je dat soort dingen juist uit je hoofd leren. Al maakten ze je midden in de nacht wakker, dan kon je nog de ontdekkers van Amerika, de zwaartekracht en de penicilline afratelen.

Maar tegenwoordig vertellen ze je die dingen niet eens meer. Tenminste niet in Nederland. Uit het buitenland sijpelen nog wel eens namen van personen door, maar in Nederland doen wij het allemaal samen. Wij hebben hier een samenleving gekweekt waarin wij zo gelijk zijn dat niemand zich meer moet verbeelden dat hij iets ontdekt heeft.

Nu is dat niet zo vreselijk, want voor de ontdekker van Slochteren zou de roem toch maar van korte duur geweest zijn. Want nauwelijks *hebben* wij dat gas of het raakt al op ook. Als wij onze regering mogen geloven, tenminste.

Die vertelt ons ieder jaar dat het gas volgend jaar op zal zijn en dat volgend jaar blijkt het dan weer een vol jaar mee te vallen.

Aan zoiets kun je merken dat onze regering niet dezelfde ouders heeft gehad als wij. Want onze ouders leerden ons dat je nooit *brand* mag roepen als er geen brand is, omdat ze je dan niet meer geloven als er echt brand is. Omdat wij nu dus immuun geworden zijn voor de onheilsboodschappen en gewoon *weten* dat er gas genoeg is, is het interessant ons af te vragen waarom onze regering altijd zegt dat het gas opraakt.

Ik geloof dat wij daar niet *te* veel achter moeten zoeken. Het is gewoon omdat wij allemaal zijn opgegroeid met de aanwezigheid van zonde en straf.

In dit cultuurpatroon is het eenvoudigweg onmogelijk een meevaller te hebben als Slochteren *zonder dat daar iets mee is.*

In deze denkwereld *is* er geen roos zonder doornen, *is* er geen loon zonder werken en *is* er geen geluk zonder ongeluk.

Om kort te gaan: een gasbel die niet opraakt, is slecht voor ons karakter.

Zouden wij zelf soms willen dat ons karakter erop achteruit ging?

Nou dan.

(Floor Kist in NRC-Handelsblad 3rd March 1979)

ziekteverzuim – absence through illness
net – *here:* television channel
voor zijn rekening nemen – to pay for, to make oneself responsible for
grote mensen – adults
afratelen – to rattle off, to say rapidly
daar is iets mee – there is something the matter with it
nou dan – well then, there you are

GASBEL SLOCHTEREN BLIJKT STUK GROTER

De omvang van de gasbel van Slochteren blijkt aanzienlijk groter te zijn dan tot dusver was aangenomen. De Nederlandse Aardoliemaatschappij (NAM) is tot de conclusie gekomen dat de totale reserves van het Slochterenveld voor zover die aan Nederland zijn toe te rekenen, met 150 miljard kubieke meter moeten worden opgewaardeerd.

(From NRC-Handelsblad 11th October 1979)

A short story

HUWELIJK

Naarmate huwelijken langer duren, komen ze meer op de vrouwen neer, geloof ik. Want mannen worden lastig.

De een gebruikt zijn vrouw voornamelijk als klaagmuur.

De ander ziet haar meer als een sparring partner.

Voor de derde is zij de verpleegster van zijn eenzaamheid.

Een vierde gaat telkens, net als een kleutertje, in een hele diepe put zitten en roept net zolang 'oehoe', tot ze hem eruit komt halen.

En een vijfde ziet haar als een twistappeltje voor de dorst.

Toch gaat de echtelijke liefde niet verloren. Die wordt alleen maar met het klimmen der jaren gecompliceerder.

Ik zal u een voorbeeld geven.

Van de zomer hield ik, met mijn vrouw, vakantie in een Italiaans badplaatsje. Op een avond gingen wij, na het eten, aan het donkere, verlaten strand in twee vouwstoelen zitten. Het was paradijselijk weer en de heldere maan toverde bevallig met de spiegelgladde zee. Een idylle in technicolor, kortom.

Mijn vrouw viel onmiddellijk in slaap.

Natuurlijk – want na achttien jaar huwelijk is de behoefte om ten overstaan van zo'n romantisch tafereel de pinken te verstrengelen al lang overleden.

Maar het verhaal gaat – zwaar van symboliek – verder.

Vlak achter het strand was een hoge spoordijk en daar daverde opeens, met oorverdovend geraas, de exprestrein naar Rome voorbij. Ik zat van al dat geluid te trillen in mijn strandstoel, maar mijn vrouw sliep gewoon door.

Toen ik echter even later zachtjes kuchte, opende zij haar ogen en vroeg verschrikt: 'Heb je wat?'

Kijk, dat is nu de echtelijke liefde in een notedop. Ik vind het een soort eenheid van tegendelen, waarin bij voorbeeld ruzie, op gezette tijden, een onmisbare component vormt. Zodra de sfeer er weer rijp voor is, kun je opluchtende tweedracht puren uit bijna elke willekeurige futiliteit.

Ik wil, bij voorbeeld, dat oude grijze jasje nog zo graag dragen, maar zij vertikt het categorisch om de gaten in de ellebogen te maken 'omdat die stof van koek is en 't toch weer stuk gaat.' Daar hebt u een pracht aanleiding tot bonje. Want wat doe ik?

Het kapotte jasje aantrekken, natuurlijk, en ermee gaan naar plaatsen waar nette mensen mij in een staat van verval kunnen zien. Dan zegt ze: 'Die kijken mij daar natuurlijk op aan.' En ik: 'Dan moet je 't maar maken!' En zij weer: 'Nee, want 't is het niet meer waard.'

Enfin, dat eindigt met deurensmijten.

Je kunt ook tot de grens van handgemeen komen over een meningsverschil als dit: 'Als we dit straatje doorlopen, is 't korter.'

'Ach, je bent mal, hoe kom je daarbij?'

'Dan snij je toch een heel stuk af!'

'Onzin. Ja, ik zal niet weten hoe je lopen moet. Ik loop 't elke dag!'

Enzovoort. Als we goed op dreef zijn nemen we allebei koppig ons eigen weggetje.

Woensdagavond laat kregen we ook opeens ruzie, ik weet waarachtig niet meer waarover, maar het was nog niet bijgelegd, toen we insliepen. De volgende ochtend moest ik, voor twee dagen, naar Groningen. Toen ik beneden kwam was zij de deur uit, om boodschappen te doen, maar zij had wel mijn koffertje gepakt, want dat stond klaar. Ik reisde ermee naar het hoge noorden en kwam 's avonds laat moe in mijn hotelkamer. Gauw kleren uit, pyjama aan en in bed. Ik trok aan het touwtje van het licht en ging op mijn rug liggen. 'Au!' gilde ik.

Want het een of ander gruwelijk insekt had zijn angel tot het heft in mijn rug geboord. Ik rukte het licht weer aan en deed het pyjamajasje uit. Toen zag ik de oorzaak. Er zat een briefje in gespeld, waarop mijn vrouw geschreven had: 'Denk je nog eens aan me?'

Ook deze combinatie van tekst en prik is, na achttien jaar, symbolisch, denk ik.

(From Simon Carmiggelt *Duiven melken* (1960))

---

twistappeltje voor de dorst – a made-up expression formed from 'appeltje voor de dorst', something in reserve against hard times and 'twistappel', bone of contention
verstrengelen – to wind round (each other)
puren – to gather
bonje – *colloq.* fight, quarrel
op aankijken – to blame on
het hoge noorden – the far North, a rather curious expression when one considers the small size of the Netherlands

Here Mr Bommel tells his readers he cannot appear for a while as his adventures have exhausted him

Tot 12 mei, vrienden!

"Het doet me pijn", deelde heer Bommel ons telefonisch mede. ,,Ik moet mijn lotgevallen even laten bezinken, voordat u ze kunt afdrukken. Ze waren zò aangrijpend, dat mijn hoofd lelijk omloopt — en dat zal u niet verbazen wanneer ik ze aan het daglicht breng. In het avontuur met de Minionen ben ik de dans slechts door het oog van de naald ontsprongen en ik verzoek u dan ook vriendelijk mij tot maandag 12 mei op te schorten".

From a regular comic strip by Marten Toonder in *NRC-Handelsblad* describing the adventures of 'heer Bommel'.

From a regular cartoon in *NRC-Handelsblad* concerning life with the box

From an interview about well-chosen presents. Note that a birthday remains an important social event in Dutch life and that many people are entitled to an afternoon off on their birthday in order to receive well-wishers

Ik had griep gehad en was net weer op de been, de dag daarop zou ik mijn verjaardag vieren. Ik zag daar een beetje tegenop, want dat betekent een huis vol visite. Bij de ochtendpost lag dit briefje: 'Om tien uur precies staan er twee handen voor de deur om vandaag al het werk voor je te doen, twee benen om iedereen te bedienen en twee lippen om je een verjaardagszoen te geven.'

Om tien uur stond een oude kennis voor de deur, die vervolgens inderdaad de hele dag mijn verjaardag leidde. Al word ik honderd, dat briefje bewaar ik.

(From *Libelle* 8th December 1978)

weer op de been zijn – to be up and about after an illness

45

From an
information
sheet sent out
by a legal
advice centre

GRATIS JURIDIES ADVIES BIJ HET BURO VOOR RECHTSHULP

Allemaal hebben we met recht te maken, iedere dag opnieuw. En allemaal hebben we wel eens inlichtingen of advies nodig over bepaalde problemen.

Bijvoorbeeld:

– de huur wordt u opgezegd of de huisbaas weigert noodzakelijke reparaties te verrichten.
– uw wijk is het niet eens met een huurverhoging.
– er dreigt ontslag of u bent ontslagen.
– hebt moeilijkheden met uw uitkering.
– hebt echtscheidingsproblemen.
– na een verkeersongeval kunt u de schade niet vergoed krijgen.
– u hebt problemen met gemeente of politie.
– u moet voorkomen voor de strafrechter.

Het kan ook zijn dat u gewoon iets wilt weten, voordat u iets gaat ondernemen.

Bijvoorbeeld:

– voordat u een woonruimte gaat huren.
– voordat u een baan aksepteert.

Bij het Buro voor Rechtshulp werken deskundigen, die u kunnen helpen met zulke problemen.

Op de spreekuren van het Buro voor Rechtshulp kan iedereen kosteloos inlichtingen en advies op juridies gebied krijgen.

(Buro voor rechtshulp, Assen)

buro voor rechtshulp – legal aid centre
strafrechter – criminal judge
woonruimte – living accommodation

A proposition in
a doctoral thesis
by R.G. van
Kesteren

Soms is science fiction.

(From *NRC-Handelsblad* 7th April 1979)

From an
advertisement
by the Dutch
Institute of
Insurers

HEEFT UW VERZEKERINGSADVISEUR U WEL EENS DOORGESTUURD NAAR EEN NOTARIS?

Zekerheid vraagt wel wat meer dan een stapel polissen. Dat weten de kantoren die lid zijn van de NVA maar al te goed.

Zij leveren een pakket zekerheid waarvan verzekeringen een belangrijk deel uitmaken. Maar ook de regelingen die u treft en de voorzieningen die u gelden, bepalen uw zekerheid. Daarom doen NVA-leden meer voor u dan het leveren van dekkingen. Zij geven een compleet advies. Soms roepen ze daarbij de hulp van andere deskundigen in, dat kan wel eens een notaris zijn...

Als er iets gebeurt, moet alles sluiten. Precies pas. Dat vraagt inzicht in uw voorzieningen, soms om aanpassing daarvan. Natuurlijk, u kunt alles verzekeren, maar het is verstandig eerst eens te bezien welke risico's u kunt vermijden of verkleinen. En welke regeling u moet treffen in uw gezin, beroep of bedrijf. Dat kan werk meebrengen op het gebied van het erfrecht, het kan ook gaan om puur juridische en fiscale zaken. De juiste verzekeringen voegen aan voorzieningen en regelingen een ontbrekend stuk zekerheid toe.

Het is misschien niet gemakkelijk zo'n zekerheidsplan op te zetten. Van u vraagt dat aandacht en tijd. Van uw adviseur deskundigheid. Daarover beschikken de kantoren die aangesloten zijn bij de NVA. Zij voldoen aan de hoogste vakbekwaamheidseisen. Door permanente scholing zorgen zij er voor op de hoogte te blijven.

Want zorgen voor zekerheid betekent wel wat meer dan het sluiten van verzekeringen.

Daarom is een gesprek met een NVA-lid voor u zo belangrijk, en wellicht verrassend. Eigenlijk bent u al lang van plan eens orde op zaken te stellen.

Een goed plan opzetten en uitvoeren, mooi. Maar na het nemen van de besproken maatregelen houdt het voor uw NVA-assurantie-adviseur (een zelfstandig ondernemer) niet op. U blijft zijn cliënt. Hij blijft u adviseren omtrent voorzieningen, regelingen en verzekeringen. Daarbij is het een prettig idee, te weten dat hij op nare momenten − bij schade bijvoorbeeld − aan uw kant staat.

(From *Elseviers Magazine* 11th November 1978)

NVA − acronym of Nederlandse Vereniging van Assuradeurs
pakket − package
vakbekwaamheidseis − (qualification of) competence in a profession, skill or trade
mooi − so far, so good

Drawings
by
Dick Bruna

From a diary by
the artist and
children's
author Dick
Bruna

In mijn atelier hangt een envelop waarop Peter Vos onder mijn naam met sierlijke letters schreef: Tekenaar. Daar kijk ik vaak naar, vooral als ik bezig ben en de ene waardeloze krabbel na de andere in de papiermand belandt. Iedere tekening ontstaat nog net zo moeizaam als 25 jaar geleden toen ik begon. Misschien nog wel moeizamer omdat ik toen meer lef had en eerder tevreden was.

En toch vind ik het een heerlijk vak. Ik zou niets anders willen doen. Het begon als mijn hobby en dat is het nog. Een leuk vak voor je directe omgeving is het bepaald niet. Als ik straks klaar ben met werk, ga ik naar huis, eet, drink, kijk even naar de televisie, ga naar bed en slaap. En als ik wakker word, fiets ik weer naar de Nieuwe Gracht.

Bovendien ben ik vaak erg gespannen als ik ergens mee bezig ben en slaat mijn humeur zeer snel over van uitbundig vrolijk naar uiterst somber.

Ik maak mijn tekeningen stukje voor stukje en heel langzaam en moeizaam met een penseel en plakkaatverf. Vanzelf komen er dan oneffenheden in, door de trilling van mijn hand, de gespannenheid van mijn lijf en weet ik wat meer. Dat is mijn handschrift. En daarom begrijp ik niet dat er zo vaak mensen zijn, die proberen het na te doen en dan nog wel met een viltstift of iets dergelijks. Misschien omdat mijn tekeningen zo makkelijk lijken.

(From *NRC-Handelsblad* 25th February 1978)

viltstift – felt pen

From an interview with the artist and children's author Dick Bruna

Bruna: 'Ik heb als ik begin meestal wel een verhaaltje in mijn hoofd en ik zie dan tegelijk hoe het 'uitbeeldbaar' is. Ik maak dan 12 schetsjes die ik uitwerk. Ik vind het zo fijn om de tekst helemaal aan het beeld aan te passen en omgekeerd, zodat het een geheel wordt.' Hij laat zien hoe hij een op transparant papier uitgewerkte tekening doordrukt op aquarelpapier. Met een penseel trekt hij de contourlijn op de doordruk. Heel langzaam. 'Dit is mijn handschrift, he? Het is een bibberhand. Veel mensen denken dat ik het met viltstift doe.'

Voor het verschijnsel dat zijn figuren altijd en face zijn afgebeeld, heeft hij geen verklaring. 'Daar ben ik pas later opmerkzaam op gemaakt Er gebeurt zoveel onbewust. Misschien is het een zoeken naar directheid.' 'Als het werk niet gaat verdwijnt de tekening in de prullenmand. Als het dagen en dagen niet gaat, dan krijg ik het benauwd, dan word ik opstandig. Soms denk ik wel eens: jeetje ik ben te oud. Het werk gaat moeilijker omdat ik misschien kritischer word. Voor mij is het werk beter getekend dan vroeger. Ik zoek de simpelste kleuren en ik heb de simpelste vorm, het vierkant. En er is een plaatje per pagina om het nog eenvoudiger te maken.'

(From *NRC-Handelsblad* 5th October 1979)

en face – French for 'from the front'
jeetje – good gracious; *lit.* a diminutive of 'Jezus'

From the regular column 'Waarin...' by G.L. van Lennep

De zon schijnt weer. Het is warm (in huis koud) en buiten loop je zogezegd in je overhemd, terwijl je binnen je jas aantrekt. Op de terrassen – voor zover de exploitant de stoelen niet onder het zeil heeft – zitten weer mensen. Bij het Stedelijk Museum hebben ze geen zeil, dus daar is het helemaal niet tegen te houden, want ik heb vaak sterk het gevoel, dat café-eigenaren en vooral obers niet zo van terrassen houden. Maar ze zitten er nu. Niets aan te doen. Het artistieke volkje is trouwens eerder geneigd tot buiten zitten dan andersdenkenden. Rustig worden de T-shirts weer aangetrokken, de spijkerbroeken zijn nog niet uit geweest en de sandalen ook niet, en sommigen knopen de bloes geheel open.

(From *NRC-Handelsblad* 25th September 1976)

zogezegd – as it were; as the saying goes; practically

terras – terrace, a common and popular feature of a Dutch café; see also the first item in the 'Reader'

spijkerbroek – jeans

openknopen – to unbutton

exploitant – the manager of a café, restaurant

zeil – sailcloth, tarpaulin

daar is het helemaal niet tegen te houden – there it (*viz.* sitting on a terrace) has altogether won the battle

andersdenkenden – people who think differently (from the artistic folk)

'Kinderzegels' of which there is a new series annually are stamps which cost more than their postage value. The extra proceeds are donated to children's charities

DOOR HET KIND – VOOR HET KIND

Van 14 November 1978 tot 5 januari 1979 zullen weer kinderzegels verkrijgbaar worden gesteld. Uitgifte staat deze keer in het teken van het feit dat de scholenactie van de huis-aan-huis-verkoop van de kinderzegels dit jaar voor de dertigste keer wordt gehouden. De ontwerpen zijn van Babs van Wely uit Den Haag, die ook in 1971 de kinderzegels verzorgde. Waarde en voorstellingen: 40+20 ct; Jongetje dat bij een huis aanbelt om kinderpostzegels aan de man te brengen. 45+20 ct; Het lezen, uitgebeeld door een kind dat wegduikt in een hoek. 55+20 ct; Het schrijven, uitgebeeld door een jongetje dat de tekst '30 × door het kind' schrijft. 75+25 ct; Meisje tijdens de rekenles, waarbij de waarde en de bijslag van de zegel in de rekensom zitten. De zegels en het velletje zullen bij alle Nederlandse postinrichtingen verkrijgbaar zijn.

(From *Elseviers Magazine* 14th October 1978)

STOEPTUINIEREN

An article on 'gardening' on the pavement. Note that Dutch pavements usually consist of paving slabs

In sommige opzichten beginnen de autoriteiten steeds meer op mensen te lijken. Neem het stoeptuinieren. Vroeger plachten de stedelingen zonder voortuin in het holst van de nacht een tegel uit hun stoep te tillen om in dat armetierige gat een klimplant te zetten. Het uitgangspunt van de hele heimelijke operatie was, dat het van de Gemeente wel niet zou mogen. Dat is nu anders. Niet alleen vinden de meeste plaatselijke overheden planten op hun stoep tegenwoordig best, maar er zijn zelfs gemeenten die het stoeptuinieren bevorderen, ja, die de bewoners haast smeken hun gevel te laten begroeien. Voor mij ligt de folder die de gemeente Dordrecht wijdt aan stoeptuintjes. Wie hier genoeg heeft van zijn grauwe straat kan de gemeente een wenk geven, waarop Openbare Werken een tuinkabouter stuurt met een zogenaamd 'U-vormig betonelement'; op kosten van de gemeente wordt deze betonnen rand tegen de gevel geplaatst, waarbij het zand onder het trottoir tot een diepte van 20 cm wordt weggegraven. De naar groen snakkende bewoner dient vervolgens zelf de zo ontstane bloembak van 25 × 50 cm te vullen met teelaarde en planten. De verleiding het gat dieper uit te graven zal hij moeten weerstaan, want ook aardige gemeenten zijn beducht voor hun kabels en leidingen: het 'U-vormig betonelement' (ik ben al bijna aan deze term gewend) steekt echter tien centimeter boven de stoeptegels uit, zodat de totale plantdiepte van 30 cm niet onredelijk is.

(From *NRC-Handelsblad* 8th April 1977)

in het holst van de nacht – in the middle of the night, at dead of night
armetierig – miserable, pathetic
tuinkabouter – (helpful) garden gnome
dient – is obliged, should

Advice for schoolleavers published as an advertisement

VAN SCHOOL AF. WAT GA JE NU DOEN?

We weten allemaal dat de banen tegenwoordig niet voor het opscheppen liggen. Alle reden dus om extra actief te zijn.

51

Op bijna elk arbeidsbureau is een vakaturebank te vinden: een soort kaartsysteem waarin je zelf naar een passende baan kunt zoeken. Zonder iets in te vullen en geheel vrijblijvend. Maar op het arbeidsbureau wil men je ook graag helpen bij dat zoeken.

Ze weten daar nu eenmaal meer over beroepen, opleidingen en regelingen. En ze kennen meer mogelijkheden, bedrijven en personeelschefs dan jij. Maar bedenk wel: hoe eerder je komt, hoe beter. Want als je hun meer tijd geeft, heb jij meer kans van slagen.
Direct doen dus, nog voordat je met vakantie gaat.
En als je toch op het arbeidsbureau bent, pak dan meteen het boekje: 'Werkwijzer voor jongeren' mee.

ALS JE VROEG BENT, KOM JE VERDER.

(Advertisement in *NRC-Handelsblad* 6th June 1978)

niet voor het opscheppen liggen – here: are not there just for the asking
werkwijzer – a made-up word similar in sound to 'wegwijzer'

A letter to an editor

Waar haalt uw redakteur het uit om de minder-valide automobilisten als te gevaarlijk voor de wegveiligheid te beschouwen om ze nog verder op de weg te houden? Ofwel beschikt hij over meer informatie ter zake, ofwel laat hij zich leiden door een dwaas vooroordeel volgens hetwelk iemand die een handicap heeft per definitie niet veilig meer kan rijden. Staat hij het ons nog wel toe om te studeren, te werken, aan sport te doen of te huwen?

(From *Knack* 2nd March 1977)

Fijn dat jullie ons na de voorstelling even thuisbrengen. Kunnen we nog wat napraten. Dankzij jullie autootje.

Blij Dat ik Rij

(Advertisement in *NRC-Handelsblad*)

Is samenwonen met twee vrouwen fiscaal niet nog een stuk aantrekkelijker?

From *NRC-Handelsblad* where the three irreverent 'haasjes' regularly comment on current affairs

On an aspect of modern Dutch life

De Werkgroep 2000 in Amersfoort, die al jaren erg leerzame katernen uitgeeft over allerlei 'eigentijdse' onderwerpen, komt nu met een brochure over de juridische implicaties van samenwonen (buiten het huwelijk). Het gaat erover dat de wet slechts één relatie respecteert: het huwelijk zoals dat met de industriële revolutie van de vorige eeuw ontstond.

Welke problemen doen zich voor in een buitenhuwelijkse duurzame samenleving? Wat zijn ieders rechten bij uit elkaar gaan of overlijden? Wat kan er gedaan worden aan de rechtsongelijkheid op bijvoorbeeld fiscaal en huisvestinggebied? Welke financiële voordelen zitten er vast aan niet-trouwen? Enz.

Daarover hebben een aantal juristen en notarissen de laatste tijd nagedacht; zo werd een modelcontract, het zogn. 'Leids Model', een bouwpakket ontwikkeld waaruit 'hokkers' delen kunnen overnemen om bijvoorbeeld op erfrechtelijk gebied hun rechten vast te leggen. Zeer nuttig zo'n boekje, al kan men niet direct zeggen zoals in de openingszin van dit katern dat het huwelijk zwaar uit de mode is geraakt.

(From *NRC-Handelsblad* 15th April 1978)

katern – fascicle, pamphlet
bouwpakket – a package consisting of several folders
zogn., *abbrev.* of 'zogenaamd'
hokkers – *slang* unmarried couples who are living together
zwaar – *here* considerably

The following observation probably refers to L.P. Boon. See the next story

Wie een autograaf wil van een Vlaamse Nobelprijswinnaar gelieve zijn geboorte nog wat uit te stellen.

(From Karel Jonckheere *Halve zolen en achterlappen* (1974))

A short story by the Flemish author L.P. Boon who achieved an international reputation

DE PARADIJSVOGEL

Jarenlang had de knaap het mes gewet, waarmee hij de familiebanden doorsnijden wou. Zij waren zeer taai. Toen de laatste vezel begaf viel hij met een plof te midden zijner vrijheid. Het was er anders dan hij zich had voorgesteld. De derde dag voelde hij alleen nog zijn honger.

Urenlang zwierf hij rond in het bos op zoek naar iets eetbaars. En tegen de avond kon hij de hand leggen op een paradijsvogel. Hij voelde zich gelijk ene die zijn dromen verslinden moet, en wist dat hij de vogel eten zou met de saus zijner tranen. Het gretige houtvuur strekte duizend vingeren naar de schitterende pluimen uit. Hij ontdekte, dat ze van louter goud waren.

Hij voelde zich zo wonder te moede, zoals men dat zegt. Hij was een schatrijk man geworden, die stierf van honger. Allerlei plannen bloeiden woekerend in hem op, maar vielen weer dadelijk gelijk dode rozen uit elkaar. Wat hij ook verzon, het kon zijn schreiende maag niet om de tuin leiden.

Hij klemde de vogel tegen zijn borst aan, en toog op zoek naar ene die misschien brood en kaas wou geven om de gouden vogel even te mogen zien.

Het was al laat geworden toen hij de grote autostrade doorheen het bos bereikte, en de herberg 'De twaalf billen'. Het was een wijf dat er met haar vijf dochters woonde. Hij moest aankloppen, want de deur en ook de billen waren reeds gesloten. 'Doe open,' riep hij… 'Ik heb u een gouden paradijsvogel te tonen.'

De waardin kon er niets aan verhelpen, dat zij als wijf op de wereld was gekomen (men zegt, sommige vrouwen worden wel als maagd geboren) en zo trok zij boven het raam open en schreeuwde, dat hij zijn vogel bij dag moest laten bewonderen, zoals het een fatsoenlijk man betaamt.

'Hij is helemaal van goud,' zei de knaap bijna schreiend.

De jongste en de nieuwsgierigste der dochters liet hem binnen. Zij was dadelijk opgetogen, en ging haar zusters wakker porren die rond het knappend haardvuur waren ingeslapen. Zij geleken aan schaaldieren, die bij het vuur alle besef van eerbaarheid verliezen en zich gaan openleggen.

Zich de slaap uit de ogen wrijvend kwamen ze rechtkruipen, de ene met nog nachtelijke zever aan de mond, de andere zich krabbend om haar vuurvlooien te verzetten. Zij hingen om de vogel heen, en legden hem op de weegschaal hunner begeerten.

Zij somden op wat ze er in ruil voor geven konden – iets van niets, de aanblik van wind en water, en het even vasthouden van dromen – en waarvan alleen de herinnering en misschien een ziekte overblijft.

Zeer verdrietig hierom stamelde de knaap, dat hij in ruil voor de aanblik op zijn minst iets als een avondmaal meende te mogen verwachten. Maar achter zijn rug stond het wijf en plette veelbetekenend een oog naar haar tien billen. Zij sprak met de in honing gedrenkte woorden van wie moorden durft begaan.

'Een schoon akkoord,' zei ze... 'Zolang gij hier eet en slaapt is de vogel van ons, maar als gij weg wilt gaan wordt hij weer uw eigendom.'

'Dat is het!' sprak de knaap.

Hij mocht in de afgrond van zijn maag een paar worstjes laten vallen, en wat zuurgeworden zuurkool. Bovendien kreeg hij als drank de melk der oudste, die zoet en warm uit haar borsten vloeide. Zijn oogleden werden loom en zakten toe. De paarse speen ontschoot zijn mond. Hij snurkte en droomde van paradijsborsten met gouden pluimen.

De waardin hield krijgsraad met haar dochters, hoe zich de vogel toe te eigenen. Zij tastte in haar herinnering naar een mogelijke wijsheid, en vond: het zijn de pluimen die de vogel maken. Toch wist een der dochters hierop de even ware repliek te geven, dat het aan de andere kant de vogel is die de pluimen maakt...

'Plukken wij dus de vogel, dan zal hij steeds opnieuw gouden veren krijgen.'

Misschien was er nog iets beters te vinden – de nacht brengt raad voor wie er eens op slapen kan – maar zij hadden weinig tijd en konden in elk geval met het begin beginnen.

Deskundig pluimden zij de vogel. Hij bleek hierin aan dezelfde wetten onderhevig als bij voorbeeld een kerkuil, of doodgewoon een haan. Hij kreeg zelfs kippevel, daar hij het in zijn naaktheid koud had. En waarop het wijf noch de andere billen hadden gerekend: hij bestierf het bijna. Gelukkig kwam hij er met de warmte van hun adem weer wat bovenop.

Zij besloten hem elk op beurt een dag onder de broeikast van hun rok te laten wonen, tot hij nieuwe pluimen had gekregen. Eerst zou de moeder hem huisvesten, dan de oudste, daarna de tweede oudste... Daar zij helaas slechts met hun zes waren, wisten zij nog niet wat op zondag ermee aan te vangen.

Maar er was een ander en dringender probleem: wat moest de knaap worden wijsgemaakt, als hij wakker werd?

De tweede oudste, die de verstandigste en wreedste was, stelde voor de oude pluimen in een soepkieken te planten. De middenste van de zes echter, die de minst mooie en de meest jaloerse was – zij zag er scheel van – kwam met het voorstel aan, de jongste met de pluimen te beplakken.

Zij was er zeer door gevleid, de jongste. Zij klapte opgewonden in de handen, en riep uit: 'Iedereen zal denken dat ik een paradijsvogel ben.'

En om de waarheid te zeggen, zij werd zeer mooi. De zachtste veren werden rond haar navel geplakt, en de grote hovaardige langs haar dijen en haar wiegend rondeel. Maar de fierste van al kwam op haar voorhoofd te staan, gelijk bij veldheren de veer op hun helm.

Toen de knaap ontwaakte was hij zeer gelukkig, zijn paradijsvogel betoverender dan ooit terug te vinden.

'Ik wist niet dat het een meisje was,' zei hij. 'Ik moet het in de duisternis niet hebben opgemerkt.'

Hij ging heen met zijn gouden vogel die een meisje was, en beleefde nog vele avonturen, te lang om te melden. Onder andere, dat een koningszoon op zijn schat verliefd werd, en ermee kwam stoeien als de knaap op zoek was naar het nodige voedsel.

Het was een zeer brutale koningszoon, en in een uur van on-
vertogen spel vlogen heel wat pluimen in het rond.

Er kwamen nog anderen daarna, en steeds minder begon zij
aan een paradijsvogel te gelijken, en steeds meer aan een
wijf zoals haar moeder er een was. De donzige veren rond
haar navel bleven het langst plakken, maar zelfs daar kwamen blote plekken als bij ene die schurft heeft.

En de knaap? Hij werd een sjagrijnig man, en begreep stil-
aan dat men hem die nacht in 'De twaalf billen' had bedro-
gen. Maar hij zou dit nooit willen toegeven. Weer begon hij,
zoals in zijn jeugd, het mes te wetten waarmee hij de banden doorsnijden wou, die hem aan dat gepluimde wijf vast-
hielden.

Wat de paradijsvogel betreft, de echte, woonde die nog onder de rokken der zusters, de andere billen? Niemand weet
het. Maar een feit was het, dat zij steeds angstvallig de zoom
van hun rok bewaakten, alsof daaronder iets verborgen zat
dat het daglicht niet mocht zien.

Iets wat ten andere nog steeds alle vrouwen doen – zelfs zij
die zelfs nooit over iets als een paradijsvogel hebben gehoord.

(From L.P. Boon *Grimmige sprookjes* (1957))

wetten – to whet
om de tuin leiden – to lead up the gardenpath
billen – bottom
zever – *dial.* slobber
soepkieken – *dial.* boiling fowl
hovaardig – proud
sjagrijnig = chagrijnig

MILJARDENPLAN TEGEN STORMVLOED

Het Scheldebekken en de kust zullen eindelijk tegen
stormvloeden op de Noordzee worden beschermd. De regering heeft vorige week een globaal tienjarenplan goedge-
keurd. Tussen 1976 en 1986 zullen daaraan minstens 22,450
miljard besteed worden. Daarvan zijn 3.750 miljard voorzien voor de kust. Het Scheldebekken krijgt dit jaar reeds
een miljard toegewezen. Het is echter nog niet duidelijk
welke plannen Openbare Werken heeft. Het blijkt wel zeker

te zijn dat stroomafwaarts Antwerpen, in Oosterweel, een stormvloedkering zal gebouwd worden.

Er wordt verwacht dat deze stuw over de zevenhonderd meter brede Schelde de storm en het springtij *met gesloten deuren* zal tegenhouden. Dat plan werd vorig jaar na de ellende in Ruisbroek en omstreken opnieuw uit de mappen gehaald. Het was al geopperd na de waterellende van 1953, maar sindsdien op veel bezwaren en wetenschappelijke kritiek gestuit. Volgens schetsen, die het Waterbouwkundig Laboratorium reeds in 1968 publiceerde, hangen in dat stalen raamwerk van zeventig meter hoog twee achttien meter hoge en honderdvijfentwintig brede valluiken.

Verder zullen alle *bandijken* verhoogd worden. Dit zijn dijken die speciaal gebouwd worden om hoge waterstanden te keren of tegen te houden.

(From *Knack* 23rd February 1977)

WAT MOET U DOEN ALS U ONTSLAGEN WORDT?

Als u buiten uw schuld om ontslagen wordt, heeft u recht op een uitkering overeenkomstig de Werkloosheidswet (WW-uitkering). Bij vrijwillig ontslag krijgt u geen uitkering. Na het ontslag moet u onmiddellijk bij uw werkgever en bij het arbeidsbureau bezwaar aantekenen tegen het ontslag. Ook moet u zich binnen de vierentwintig uur als werkzoekende laten inschrijven bij het arbeidsbureau. Om in aanmerking te komen voor een WW-uitkering moet u zes weken onafgebroken hebben gewerkt, in volledig of part-time dienstverband. De WW-uitkering bedraagt tachtig procent van het laatst verdiende loon. Voorwaarde voor een uitkering is niet alleen dat u als werkloze staat ingeschreven bij het arbeidsbureau, maar ook dat u beschikbaar bent om een ander, passend werk te aanvaarden. Bent u na een half jaar in de WW nog zonder werk, dan valt u onder de Wet Werkloosheidsvoorziening (WWV), maar alleen indien u kostwinner bent. De WWV-uitkering bedraagt vijfenzeventig procent van het loon dat u verdiende op het moment dat u ontslagen werd. U kunt maximaal twee jaar zonder onderbreking een WWV-uitkering krijgen.

Bent u na een half jaar WW en twee jaar WWV nog zonder werk, dan valt u onder de rijksgroepsregeling werkloze werknemers van de Algemene Bijstand.

De uitvoering van deze regeling is in handen van de Sociale Dienst van de gemeente.

Hier kan men u ook vertellen waar u recht op heeft.

(From Margriet 2nd February 1979)

overeenkomstig – in accordance with, under
in aanmerking komen – to be eligible
dienstverband – employment
rijksgroepsregeling – national group scheme
in handen van – lit. in (the) hands of, administered by

From an article about the Belgian language question

STEREOTYPES IN HET COMMUNAUTAIR CONFLICT

Men kan van mening verschillen over de vraag hoe groot het belang van de taal is in de verhoudingen in ons land, maar groot is het belang in ieder geval. Met deze talen zijn reeds zeer sterke stereotypen van superioriteit en inferioriteit verbonden. De Belgische situatie is hier overigens slechts een verscherpte weergave van een Europese. Hans Combecher geeft een historische verklaring: de gelatiniseerde Fransen voelden zich de voortzetters van de culturele superioriteit van het vroegere Romeinse rijk over de Germanen (die zich op hun beurt ver boven de Slaven verheven voelden). Deze onderschatting van het Nederlands door de Fransen wordt om verschillende redenen, waarbij wij niet blijven stilstaan, niet goedgemaakt door een hogere waardering door de Duitsers of Engelsen. Hierbij komt natuurlijk het objectieve gegeven van het aanzienlijk verschil in het aantal sprekers van het Nederlands vergeleken met die van de omliggende talen. Hoe dan ook, de Nederlandstaligen staan reeds van bij de aanvang in een psychologisch lichtelijk ongunstige situatie; in feite hebben zij ook de beoordeling van de anderen gedeeltelijk overgenomen. Met andere woorden, deze heterostereotype heeft, zoals vaak voorkomt, de autostereotype beïnvloed. De wijze waarop anderen ons zien beïnvloedt de wijze waarop we onszelf zien.

(Dr L. Claes in Twintig eeuwen Vlaanderen (1979))

communautair – relating to communities; here in connection with the French- and Dutch-speaking communities in Belgium
(van) bij de aanvang – from the beginning

A proposition in a doctoral thesis by B.J.M. Neijnen

Te midden van rokers is een niet-roker de sigaar.

(From *NRC-Handelsblad* 7th April 1979)

de sigaar zijn – to be victimised, to be the stupid one

Two sections on water from a pamphlet published by a waterboard

Wij kunnen in Nederland royaal met water omspringen. Op een emmertje meer of minder hoeven wij niet te kijken. Niemand vindt dat vreemd, vooral niet als men weet dat water de meest voorkomende 'stof' op aarde is: driekwart van het aardoppervlak bestaat uit water, en dat komt neer op zo'n 1.350.000.000 kubieke kilometers. Dus waarom zouden wij 's zomers onze tuintjes niet net zo vaak besproeien als wij willen? De waterleidingmaatschappijen moeten dan gewoon maar wat meer water uit de bodem omhoog pompen, denken wij...

De werkelijkheid is helaas minder bemoedigend. Van al het water op aarde is slechts twee procent zoet en geschikt voor consumptie door de mens. En van die twee procent is al een behoorlijk deel vervuild. Een rivier als de Rijn, die twee-derde van het door ons gebruikte water levert, voert jaarlijks gemiddeld 40 ton kwik, 400 ton arsenicum, 1700 ton lood, 1650 ton koper, 3000 ton chroom en 19 miljoen ton zout over de Nederlandse grenzen.

Het resultaat van de beschaving en industrie is dat water veelal morsdood is, zodat daarin geen leven meer mogelijk is. Het zogenaamde 'zelf-reinigend vermogen' van het water is lang niet voldoende om alle afvalstoffen onschadelijk te maken.

We nemen Nederland als voorbeeld. Ons oppervlaktewater is in staat om het afvalwater, afkomstig van 4 miljoen inwoners onschadelijk te maken. De totale hoeveelheid afvalwater, door bevolking en industrie geproduceerd, is gelijk aan de afvalwaterproduktie van 30 miljoen inwoners. Ruim 7 maal zoveel...

Het is duidelijk dat we de natuur een fiks handje moeten helpen bij het zuiveren en onschadelijk maken van deze immense stroom afvalwater, want gebrek aan schoon water betekent:

– te weinig drinkwater
– te weinig water voor landbouw en veeteelt

– te weinig water dat geschikt is voor recreatie en visserij (kans op besmetting bij het zwemmen en massale vissterfte...)

Geen prettig vooruitzicht.

(From *Wat betekent water voor ons?* Zuiveringsschap Drenthe (1977))

kijken op – to worry, bother about
zo'n, *abbrev.* of 'zo een' – something like
moeten dan gewoon maar – need simply
de mens – man(kind)
vervuilen – to pollute
zelfreinigend – self-purifying
afvalwater – effluent (water)
kans op – possibility of, risk of
besmetting – infection
massale vissterfte – death of huge numbers of fish

Gelukkig is de strijd tegen de vervuiling van het oppervlaktewater niet alleen een zaak voor de door de 'Wet' aangewezen verantwoordelijke instanties en de conferenties op internationaal niveau! Ook de burger kan er veel aan doen en dat kan direct, vandaag nog! Bedenk daarbij dat particuliere maatregelen op den duur kunnen leiden tot een afnemen van de zuiveringslasten. Wij willen daarom besluiten met een aantal 'milieu-vriendelijke' en geldbesparende tips:

VAST VUIL HOORT IN DE VUILNISBAK

Dus geen koffiedik, theebladeren, etensresten, peuken of sanitaire artikelen door het toilet spoelen.

RESTEN VAN CHEMISCHE STOFFEN EN GENEESMIDDELEN HOREN NIET IN DE RIOLERING

Afgewerkte olie uit het carter van uw auto moet natuurlijk niet in een straatputje worden gegooid. Niet meer gebruikte medicijnen kunnen terug naar de apotheker en overbodige fotochemicaliën horen thuis bij de fotograaf.

VELE WAS- EN REINIGINGSMIDDELEN ZIJN ZEER SCHADELIJK VOOR HET MILIEU

Gebruik niet meer van deze middelen dan strikt noodzakelijk.

CHEMISCHE EN GIFTIGE BESTRIJDINGSMIDDELEN VRAGEN UW SPECIALE AANDACHT

Resten van deze middelen in sloten en vaarten kunnen alle leven doden. Lever deze resten, met de verpakkingen in.

Sommige gemeenten hebben al speciale verzamelplaatsen daarvoor ingericht.

DUMP UW VUIL NIET IN SLOOT, GRACHT OF PLAS

Want dat zijn geen vuilnisstortplaatsen.

VOORKOMEN IS BETER DAN 'ZUIVEREN'!

(From *Wat betekent water voor ons?* Zuiveringsschap Drenthe (1977))

daadwerkelijk – in fact, actually
verontreiniging – pollution
aangewezen – designated
zuiveringslast – task of purification
milieu-vriendelijk – beneficial to the environment
peuk – (cigarette-)end, (cigar-)butt
spoelen – to flush
afgewerkt – used up
carter – gear-box
straatput – man-hole
bestrijdingsmiddel – pesticide

An ironic article on postal codes by the novelist W.F. Hermans

WAT IK GRAAG MAG LEZEN

Jaren geleden heb ik eens een interview gelezen met een vermaarde meesterkok.

Of hij thuis wel eens iets lekkers kookte?

Nee. Hij niet zozeer. Dat deed zijn vrouw.

Lieten zijn eigen schotels hem dan onverschillig?

Dat was de kwestie niet. Hij proefde ze wel natuurlijk. En ging hij wel eens uit eten bij een andere meesterkok om zichzelf te tracteren?

Zelden. De enige culinaire buitensporigheid die hij zich soms veroorloofde als hij diep in de nacht van zijn werk kwam, was een spiegelei bakken, dat hij verorberde op een sneeuwwit boterhammetje, met een vleugje citroen er overheen.

Ik moet dikwijls denken aan die kok, als ik weer eens urenlang heb zitten lezen in boeken die wat oprechte eenvoud betreft wel in dezelfde klasse thuishoren als een zachtgebakken spiegelei op een wit boterhammetje. Welke is de eenvoudigste vorm van literatuur?

De pure opsomming denk ik: telefoonboeken, adresboeken, catalogi, citatenverzamelingen, woordenboeken. 't Zijn geen toverpaleizen, fabrieken, machines of wijdvertakte families, zoals de meeste romans, maar koraalkolonies van feiten.

Ik houd daar veel van en lees er gretiger in dan in menig meesterwerk 'van internationaal niveau'.

(The author here mentions several of his favourite reference 'lists', amongst which 'The Guinness Book of Records' and then continues:)

Laat me tot slot het allerdikste en nieuwste boek van de hier besproken allerlaagste literatuursoort in de hoogte steken:

POSTCODE PTT POST UITGAVE 1978, een honderd procent Nederlands product. Om het mee te nemen in een vliegtuig is het misschien wat te groot en zwaar – overigens niets dan lof.

Postcodes zijn de grote mode van het ogenblik. De Nederlandse leeuw is erin geslaagd verreweg de ingewikkeldste postcode te verzinnen, waar het universum ooit van gehoord heeft.

Zeer kleine groepjes huizen hebben allemaal een apart nummer gekregen dat uit vier cijfers en twee hoofdletters bestaat. 't Is om dol te worden. En een tijd dat de diepverachte klant van de PTT verkwisten moet om die code op te zoeken en op z'n brieven te schrijven! Hij mag er wel extra personeel voor aannemen, anders redt hij het nooit. En een misère als de vertrapte postzegelgebruiker zich vergist!

Toch is dit nog maar een begin van de omgekeerde wereld die ons te wachten staat. Over uiterlijk tien jaar, zei me een hoog geplaatste PTT-functionaris, mag de verzender van een brief blij zijn als hij, na een zegel van f 1,95 op z'n brief te hebben geplakt, vergunning krijgt hem eigenhandig bij de geadresseerde in de bus te doen. De Nederlandse onderdaan is de hulpvaardigste van de hele wereld en daar maken wij als staatsbedrijf een winstgevend gebruik van.

Hoe dan ook, Postcode PTT Post uitgave 1978 is een bewonderenswaardige turf, 1366 bladzijden groot, elke pagina in vijf kolommen en gauw erin uitgelezen raak ik niet.

Menigeen zal met dit boek voor het eerst een volledige lijst in handen krijgen van alle steden, dorpen, gehuchten en vlekken die er in Nederland bestaan. Heerlijke ontdekkingen vallen hier te doen.

Nooit had ik geweten dat er een Niesoord bestond. Evenmin had ik ooit vernomen van Hintham, Rotstergaat, Ropta of Broekhuizenvorst (deze laatste gemeente prijkt zelfs met een Hermansstraat en zo hoort het.) Briltil en Brigdamme zijn me zesenvijftig jaar onbekend gebleven. Leve het post-codeboek!

Hoe zou de wereld er anders ooit achter gekomen zijn dat er zelfs een dorpje (?), gehuchtje (?), vlekje (?) bestaat dat de weidse naam Nederland draagt, terwijl daar maar twee wegen zijn met postadressen: de Rietweg en de Veldhuisweg? Allebei postcodenummer 8362 VA. Misschien komt het nog eens te pas.

(W.F. Hermans in *NRC-Handelsblad* 30th June 1978)

in de hoogte steken – to sing the praises of
allerdikst – fattest of all
allerlaagst – lowest of all
PTT – Post Office, an *abbrev.* of 'Post Telegraaf Telefoon'
de Nederlandse leeuw – the Dutch lion, the lion on the Dutch coat of arms and hence also used by state corporations
universum – universe. The more usual, less pompous word is 'heelal'
't is om – it is enough to
en een tijd – and what a (long) time
diepveracht – thoroughly despised
anders redt hij het nooit – otherwise he will never manage
eigenhandig – with his own hands
bus = brievenbus – letter box
staatsbedrijf – state corporation
hoe dan ook – however this may be
turf – large, heavy book
uitgelezen raken – to tire of reading
vlek – small place
vallen te doen – here: are possible
leve – subjunctive of 'leven' as in 'lang leve de Koningin' – long live the Queen
er achter komen – to find out about, to discover
te pas komen – to come in handy, useful

See also pp. 16 and 78

An article on huge investment losses on the Stock Exchange

TE VEEL GEGOKT

Op de Amsterdamse effectenbeurs is gisteren een openbare veiling gehouden. Het betrof een executie waarbij het vonnis wordt voltrokken zonder dat de veroordeelde erbij was. Hij bleef gewoon leven en er vloeide geen druppel bloed.

Overigens moet naar alle waarschijnlijkheid toch iets tragisch achter deze veiling schuilen, want algemeen wordt op de beurs aangenomen dat het om een gedwongen verkoop ging van iemand die veel verder wilde springen dan zijn polsstok lang was.

De veiling geschiedde in de executiezaal van de beurs, een vrij kille ruimte met alleen maar steen en beton. De belangstelling was zeer groot want er kwam een pakket courante Nederlandse aandelen onder de hamer zoals in een lange reeks van jaren niet was voorgekomen. De handel omvatte onder meer 45.000 aandelen Philips, 30.000 aandelen Akzo en 3.000 aandelen Van Ommeren.

Waarom de aandelen werden geveild is niet precies bekend, maar algemeen wordt aangenomen dat de oorzaak moet worden gezocht in het feit dat iemand met geleend geld een veel te grote effectenportefeuille heeft opgebouwd en niet op tijd maatregelen heeft genomen om calamiteiten te voorkomen.

Een leek op effectengebied zal zeggen 'Hoe is het mogelijk, want de aandelen brachten toch enkele miljoenen op?' Het lijkt onbegrijpelijk, maar desondanks bestaat de kans om te stranden. In de praktijk gebeurt het namelijk dat meer aandelen worden gekocht dan betaald kunnen worden en dat met geleend geld een deel van de effectenportefeuille wordt gefinancierd. De limiet is over het algemeen dat met f 100.000 eigen geld voor in totaal ongeveer f 300.000 aandelen gekocht kan worden. Als de koersen daarna stijgen is dat geen probleem, maar bij koersdalingen moet al gauw geld worden bijgestort en als dat er niet is wordt er geliquideerd.

Het volgende is mogelijk: Iemand koopt aandelen voor f 300.000 en betaalt f 100.000. Het restant wordt geleend. Na een koersdaling van 40% is de waarde van de portefeuille f 180.000. De schuld is dan nog steeds f 200.000 en het eigen vermogen f 20.000 negatief. In de praktijk laat men het veelal niet zo ver komen en worden snel maatregelen genomen. In het geval van deze week zijn fouten gemaakt. De positie is niet op tijd verkleind en de zaak liep op een catastrofe uit.

(From *NRC-Handelsblad* 25th February 1978)

executie – execution
gewoon – merely, just
polsstok – vaulting pole. Vaulting used to be a means of crossing the many ditches on Dutch farms. See next item

POLSSPRINGEN. Het springen met de pols is in het waterrijke Friesland heel oud. Bij de jacht en ook bij de oorlogvoering werd de pols gebruikt. Een eierenzoeker zonder pols is ondenkbaar.

EIERZOEKEN. (Fr.: aeisykje) Zoeken en rapen van eieren van weide- en watervogels (sedert 1956 alleen toegestaan van kieviten, vóór 20 april). Volksvermaak: niet zozeer het zwerven door de landen als wel de afleiding van de ligging van het nest uit het nauwkeurig waargenomen gedrag der vogels. Ca. 1575 vermeldt Abt Thomas van Oldeklooster al het eierzoeken voor consumptie.

(From J.H. Brouwer et al. Encyclopedie van Friesland (1958))

pols = polsstok. See previous item
Fr. = *abbrev.* of Frisian, the language of Friesland
afleiding – deduction

From *NRC-Handelsblad* where the three irreverent 'haasjes' regularly comment on current affairs

elfstedentocht, a traditional and well-known skating competition which requires the skaters to pass 11 Frisian cities

From the regular column 'Waarin...' by G.L. van Lennep

Niet alleen dat de wegen zo vol worden dat alle aanvankelijke voordelen van autowegen en ringbanen weer verdwijnen, ook het vliegen wordt vermoeiender.

Zondagavond keerde ik terug uit Londen.

Op de West-London Terminal, waar ik drie 'items' had afgegeven tegen de prijs van twee 'items' (60 p.), zei de overkeurige, vriendelijke, voorkomende beambte dat het inderdaad niet druk was. Hem te stil zelfs. Mooi, dacht ik nog, dat wordt een rustige thuisreis.

Op Heathrow aangekomen zag ik al dat zulks niet het geval zou zijn. Misschien waren ze allemaal met de 'Tube' gekomen en niet via de Terminal, ik weet het niet maar ze waren er. Duizenden reizigers in allerlei rijen en toch geen slecht weer of ander oponthoud of hoogtij.

Ik begon me dus te verplaatsen in de richting van de KLM-desk, voor niet-ingewijden vrijwel onvindbaar. De bus zet je af midden voor het gebouw, recht voor de balie van de British Airways. Geen bord wijst naar de KLM, maar je moet naar rechts tot je niet verder kunt, zo ongeveer 100 meter, dan een trap op, een soort platform over, 30 meter, een nauwe klapdeur door die bij een eerste aanblik de indruk geeft toegang te verschaffen tot een bouwput, dan linksaf langs een nauwe balustrade (passeren van tegenliggers met koffers onmogelijk), nauwe trap af en daar hebben we de balies van Air France, Lufthansa en KLM.

Straf van Engeland omdat we ook in de EEG zitten en niet zij alleen. Vorige maand moest ik wachten omdat er nog geen boarding cards waren (de stew moest ze nog even gaan ophalen), ditmaal hadden ze het anders opgelost: ik kreeg er geen.

Ik kwam er eigenlijk pas achter toen ik in de lange rij wachtenden voor de Security Check een geüniformeerde sluiswachter hoorde roepen: 'Instapkaarten gereed houden!!'

Enkele minder bedreven reizigers deinsden uit de rij terug – daarmee 20 minuten wachten en schuiven opgevend – maar ik bleef Amsterdams staan en zei ronduit dat ik er geen had. 'KLM zeker,' zei de man en liet me door. Er waren wel twintig veiligheidsmensen aan het controleren, zodat je vrij snel opschoot. Bij de Tax-free shop (volgens mij net een tikje duurder dan de witte prijzen in Nederland) weer paniek, en vijf rijen. Een zwetende Zweed drong zich voor me roepend dat hij zijn vliegtuig ging missen. Aan de kassa zat een analfabetische jongeman maar dat gaf niets, zo bleek, want bij het aanslaan van het artikel-nummer en de prijs ging de machine flink piepen: een van de twee was fout. Slechts een juist nummer plus juiste prijs wilde hij opnemen. Er is maar één combinatie, de juiste. Foolproof.

Daarna moest ik naar Gate 16. Het verste Gate van allen (weer straf) en dan ook nog in een *bus* in plaats van een slurf naar een zeer groot toestel, misschien wel een DC8 (een DC9 schijnt *kleiner*) weet ik veel, aan het andere eind van het veld, vrijwel bij de kust. In het toestel dus ook weer ver lopen maar goed, ze hadden het NRC-Handelsblad (toch ingewikkeld: het is *de* NRC, *het* Handelsblad). In Amsterdam bleken ze weer eens een nieuwe pier gebouwd te hebben. Ik ben nog nooit zo ver weg geweest, op een vliegveld dan, in een gebouw. Gelukkig werken ditmaal al die lopende banden in die eindeloze gangen.

Ik wil niet klagen over slechts twee marechaussees en toch zeven lessenaars. Het was zondagavond zullen we maar zeggen, maar je gaat je zo wel afvragen of je niet beter helemaal met de bus kan.

(*NRC-Handelsblad* 15th April 1978)

ringbaan – by-pass
overkeurig – extremely, too smart
hem te stil – too quiet for him
zulks – such, that
niet-ingewijde – unintiated
klapdeur – swing-door
bouwput – (fenced off) building site
stew=steward (an unusual word)
Amsterdams – like a true 'Amsterdammer' (inhabitant of Amsterdam)
witte prijzen – discount prices
slurf – *lit.* trunk of an elephant, here covered passageway
weet ik veel – for all I know
het gaf niets – that did not matter
lopende band – *usu.* assembly line, here moving walkway
zullen we maar zeggen – we'll just (be kind and) say

SINTERKLAAS

We leven in een nuchtere tijd, maar later zal men er misschien de eigen poëzie van ontdekken, want waar een mens is (geweest), kun je bijna altijd een spoor der muze vinden. Zo hoorde ik een modern kind vertellen van Sinterklaas: Sinterklaas is een sprookje, die meneer bestaat niet, d.w.z. hij heeft wel eens geleefd, maar is al lang dood. Hij was een Spaans fabrikant van kinderspeelgoed. Zijn fabriek bestaat echter nog altijd. Die voorziet de hele wereld van speelgoed, maar de winkeliers moeten beloven het alleen te zullen verkopen aan de ouders van zoete kinderen...

Die jongen heeft ongetwijfeld moderne, zakelijke ouders. Maar het lijken mij geen beeldenstormers. Zij hebben het sprookje niet gedood. Zij hebben het verredelijkt, met de eigenaardige poëzie van dien.

(From Johan Daisne *Met een inktvlek geboren* (1961))

beeldenstormer – iconoclast
verredelijken – to make more sensible, logical

Rather grim reflections on the motorcar

HET STRAATMONSTER

Het straatmonster kan 20-maal harder lopen dan een mens, is 20-maal zwaarder en meer dan 200-maal sterker, maar het heeft niet meer hersens dan één mannetje of vrouwtje. Waar denkt het daarmee aan, waar wil het zo gauw naar toe dat men er soms één doodgekreukeld tegen een boom ziet staan, nog wat benzinehijgend, nog wat olie bloedend? Vraag het niet aan het mensenhersentje binnenin, want dat is ook al stuk of zo door elkaar geschud dat het de waarheid niet meer weet. Soms vindt men zo'n monster op de rug liggend, zwijgend, een wiel nog draaiende. Hoe komt dat beest erbij? Had het kramp in een rem, had het jeuk in zijn dak?

Niets daarvan; waarschijnlijk stierf het zoals men denkt dat de Dinosauriërs stierven; ze werden te groot voor hun klein gebleven hersenen. Ze wisten tenslotte nooit meer gauw genoeg wat hun waar dan ook overkwam.

Daarom wil ik niet leren chaufferen. Ik durf niet te proclameren dat in mijn kleine, magere hoofdje, alles zit om tot hersens te dienen voor dit vijftienhonderd kilo dikke, knorrende ding, dat zo maar midden op straat, bloot en blind wil rondrennen temidden der tedere, langzame mensen. Wel ga ik graag mee in de auto van iemand anders, maar zelfs dan, als ik eerst het grote, sterke, mooie, gladde dier van buiten heb bewonderd, deins ik vaak terug als ik de deur ervan open, en binnenin alleen maar een soort persoontje vind, achter een groot wiel gedoken met het kleine, kwetsbare kopje. Waar moet dat naar toe, denk ik dan, dat hoofdje denkt niet eens aan zijn machine, alleen maar aan een ver huis, een landschap, een andere tocht, of aan de dagtaak die met rijden niets gemeen heeft dan een plaats in datzelfde schedeltje.

69

Het levenloze deel van dit nieuwe organisme, terecht automobiel genoemd, is door de kleine mens als door een razende parasiet bezeten. Het is een heerlijk wapen, een woeste cocon. De bestuurder, droevig in de avond op weg naar huis, steunt op zijn gaspedaal terwijl hij mompelend alle mislukkingen van de dag opsomt. Als hij eenmaal de nodige snelheid heeft bereikt, kan hij met een heerlijke handomdraai dit alles overwinnen. Zijn verbaasde volgers vinden hem plotseling onontwarbaar aan de wegberm, een toonbeeld van snelle en veilige vernietiging.

(From Leo Vromans *Snippers* (1976))

doodgekreukeld – crushed to death
benzinehijgend – panting with petrol
gedoken, *pa.pple* of 'duiken'
waar moet dat naar toe – what's going to come of this
onontwarbaar – impossible to disentangle

FIETSEN

De lucht klaarde op, ik kon mijn weg vervolgen. De hemel was al donkerblauw en ik had de wind in de rug toen ik over een kaarsrechte weg door de Haarlemmermeerpolder reed. Zo'n weg lijkt een beetje op het leven na je dertigste – je hebt de wind in de rug, je komt goed vooruit en alles lijkt dus in orde. Maar er verandert niets meer, ondanks het feit dat je vooruit komt, en in de verte hangen loodgrijze wolken boven een onzichtbaar landschap als een rouwkleed over een baar. Zo'n weg lijkt ook op een goed huwelijk – alles zo mooi als je het maar wensen kunt en toch dat verlammende idee: nu zal er nooit meer iets veranderen.

(From Maarten 't Hart *Ongewenste zeereis* (1979))

TOREN VAN BRENDAAN

Naar Terschelling? Dat was in de jaren twintig nog mogelijk als zeereis met vertrek van de De Ruyterkade. Een van de vele stoomboten die men toen op de binnenwateren en op de Zuiderzee kon aantreffen, de Prins Hendrik, die de titel van 'salonboot' mocht voeren, bracht de reiziger naar Harlingen. Men passeerde vuurtoren IJdoorn, waarop een telg van de familie Engel, al tal van geslachten lang, als vuurtorenwachter fungeert, zag in de verte het witte vuurtorentje van Marken, stak over naar Enkhuizen en zag daar op de dijk in de verte het Lekkerlicht. Enkhuizen werd aangelopen en intussen hadden Amsterdamse gezinnen al de karbies met meegebracht voedsel geopend en pelde jong en oud de harde eitjes. Voorbij Enkhuizen dan nog de laat zeventiende-eeuwse vuurtoren De Ven en zo naar Harlingen. Daar stapte men over op de Minister Kraus, een brede, stoere raderboot van de rederij Doeksen. Tussen Terschelling en Vlieland kwam – en de voorplecht van de Minister Kraus zakte en rees op de deining van de Vliestroom – een klein blauw, hobbelend motorbootje langszij voor de passagiers voor Vlieland. En eindelijk: West-Terschelling met de Brandaris. Een zeereis die overigens een klein dagje vroeg. Dat is heden ten dage niet meer mogelijk. Men moet per as naar Harlingen. Met de draagvleugelboot Koegelwieck is men dan in iets minder dan een uur over. Ook de Brandaris blijkt dan anders te zijn geworden – bovenop tenminste.

In tegenwoordigheid van minister Tuijnman (verkeer en waterstaat) is de gerestaureerde Brandaris officieel in gebruik genomen. Van 5 januari 1976 is er gewerkt aan de toren, die in 1594 werd gebouwd. De buitenste huid van gele Friese baksteeentjes was in slechte staat, er vielen voortdurend stenen van de 50 meter hoge toren naar beneden. Niet dat de toren, waarvan de muren onder 1,80 meter dik zijn, al bouwvallig was. Bij de restauratie zijn 60.000 à 70.000 gele bakstenen verwerkt, er werd een lift in aangebracht en bovenop kreeg de kustwacht observatieruimten, die het silhouet van de toren veranderden. Er kwam een radar-scanner boven op de koepel waarin wanneer het donker is het lichtkruis draait: om de vijf seconden een schittering. Tot 40 kilometer kan de kustwacht nu een tien meter hoog schip op de radar waarnemen – hoe slecht het zicht ook moge zijn. Ook de vuurtoren van Schiermonnikoog bezit een radarinstallatie. Gebruik van de lift is niet voor het publiek – sedert twee jaar mogen vuurtorens niet meer door het publiek worden bezichtigd. Een van de redenen: er werden te veel vernielingen aangericht. Men zal zich dus voortaan moeten beperken tot bewondering van de straat af van de toren, die de naam draagt van de Ierse heilige Sinte Brendaan. Sinte Brendaan maakte in de zesde eeuw een zeereis waarvan het relaas in het Nederlands nog eens is vertaald door Bertus Aafjes. Tijdens de afwezigheid van de heilige brandde men op zijn klooster in Clonfert daar op het 'eiland

van heiligen en geleerden' een vuur om Sinte Brendaan de
weg terug te wijzen. Hij is de beschermheilige van de kust-
verlichting.

(From *NRC-Handelsblad* 10th March 1980)

Terschelling and Schiermonnikoog are two of the resort-islands in the chain to the north-west
of the Netherlands, called the 'Waddeneilanden'
De Ruyterkade, a quay in Amsterdam named after Michiel de Ruyter (1607-76), admiral and
folk-hero
Zuiderzee, formerly an inlet of the North Sea dammed off in the 1930s by 'de Afsluitdijk', *lit.*
the closing off dyke. The lake thus formed became 'het IJsselmeer', now much diminished by
large scale land reclamation
karbies – wicker basket
draagvleugelboot – hydrofoil
de Brandaris, name of the lighthouse on Terschelling
lichtkruis – revolving lighthouse light
moge – *obsol.* may
Sinte Brendaan – St Brendan the Voyager
Bertus Aafjes (1914-), poet and novelist

From an article
in a feminist
journal

Ik zie zo vaak dat dochters van feministen niets van de
vrouwenbevrijding moeten hebben. Geen ander ideaal dan
een mevrouw van een meneer te worden; moeder van ko-
ters; koninginnetje van het privé-domein met de voordeur
stevig in het slot. Het zou best aardig zijn om daar eens een
onderzoek naar te doen. Want ik weet natuurlijk niet of dat
meestal zo gaat of dat het mij alleen maar opvalt in mijn
eigen omgeving. Maar goed, ik zie het en ik denk. Hoe komt
dat nou? Is dat gewoon: afzetten tégen? Of een echte keus:
het resultaat van een afwegingsproces waarbij de betrokke-
ne haar eigen 'ik' heeft laten zegevieren? Het eerste is on-
juist, het tweede hoogstens jammer. Jammer in die zin, dat
het voor moeders prettiger is om in dochters gelijkgezinden
te vinden. Maar als het berust op 'kiezen voor jezelf' dan is
het altijd prima en doet het er niet toe welke vorm die keus
aanneemt.

(H. d'Ancona in *Opzij* 12th December 1978)

niets moeten hebben van – to be hostile to
koter – *vulg.* child
in het slot – locked
het gaat zo – it happens that way
(zich) afzetten tegen – to distance oneself from
afwegingsproces – process of weighing (one idea) against (another)

Hiërarchie

Wie 't laagst zit, die krijgt geen bureau,
maar een tafel met een laatje zo
maar onder aan het blad gedaan.
Of erger nog: soms moet ie stáán!

Maar klimt hij op, dan komt al snel
toch dat bureau. Natuurlijk wèl
met maar drie laden aan één kant
en met een stoel met maar één stand.

Weer wat omhoog, (bekend verhaal),
twee rijen laden, zes totaal.
Maar veel subtieler wordt het dan
met een stoel, die drááien kan.

Onderlegger, pennebak,
tochtvrije, lichte plaats vlakbij het grote raam zijn zaken,
die uw promoties zichtbaar maken.

Maar het grote werk begint
pas als de directie vindt,
dat u, omdat u 't 'zo goed doet'
een eigen kamer hebben moet.

Het zitje en het fraaie kleed,
gordijnen, lampen, ieder weet
dat inclusief de haat en nijd
dit slechts een kwestie is van tijd.

Dan eindelijk: de beste plek.
Geen kamer meer, maar een vertrek.
Geen meubels, maar een interieur.
Een waak-juffrouw zit voor de deur.

Wel 't eerste binnen, 't laatste weg.
'D'r wordt gedaan hier wat ik zeg!'
Gekuip, gevlei, geïntrigeer.
Collega's zijn er nu niet meer.

Is hiërarchie paradoxaal?
Wie staat er boven aan de schaal?
Waarachtig! Vaak is dat een vent,
die er nooit is en niemand kent...

(A.G. van der Burg in Elseviers Weekblad 27th January 1979)

On the old-fashioned delights of train travel

EEN GROOT GELUK

In de jaren zeventig zijn de vliegvelden hoe langer hoe meer gaan bijdragen tot het verval van de menselijke waardigheid. Vroeger hoorden ze tot de mooiste gebieden van de natie, ten eerste omdat de liefhebber daar zeer dicht kon naderen tot een onovertroffen wonder van techniek, het vliegtuig, en ten tweede omdat men besefte, zich te bevinden in een doorgangshuis naar onbegrensde avonturen. Terwijl de gemiddelde cosmopoliet nog even achteloos een scotch dronk, keek hij met verveelde meewarigheid naar het begerig dringend gespuis, dat zich in de belastingvrije winkels met goedkope waar belaadde. Als pakezels kwamen ze er uit. Dan klonk door de luidsprekers de onweerstaanbare stem, en daar ging men met z'n allen, de dikke wolken in en de kille slaatjes tegemoet.

Een zeer synthetisch gebeuren eigenlijk, die Internationale van de luchtvaart. Wat mij betreft hebben de kapersbrigades er een eind aan gemaakt, nog niet zozeer doordat ik de kans, gekaapt te worden zo hoog schat, maar meer door wat aan iedere luchtreis vooraf gaat. Het drenzig in de rij staan, met elektrische apparaten en onzichtbare stralen onderzocht te worden, je te laten fouilleren en dat nog in een houding die je onwillekeurig uit de gangsterfilms hebt overgenomen, dat zijn allemaal onderdelen van een beweging die regelrecht leidt naar een nieuw soort, met de modernste middelen uitgeruste middeleeuwen. Verschijningsvormen van de krachten der duisternis, die overal in opmars zijn.

Beperkingen van de vrijheid, die in de Franse revolutie duur bevochten werd, en nog zo kortgeleden definitief bevestigd scheen te zijn. Dat is voorbij, dus.

Vandaar dat ik dit jaar voor het eerst weer mijn heil heb gezocht in een middel van vervoer waarvan velen het bestaan praktisch waren vergeten, of dat ze, althans voor de lange afstand, volstrekt onbruikbaar achten: de trein. Ik moest ongeveer anderhalf duizend kilometer verderop zijn, en daarom besprak ik in een slaaprijtuig een compartiment voor één persoon. De gedachte, op zo'n eigenaardige manier, namelijk horizontaal en overdwars, door het land te razen, sprak mij al zodanig aan, dat ik bereid was, allerlei andere te verwachten ongemakken voor lief te nemen. Maar laat het me meteen zeggen: een dergelijke onderneming is één lange keten van belevenissen.

Het begint hiermee, dat men bij het betreden van zijn compartiment door ongekend vorstelijke gevoelens wordt overvallen. Het is een compleet kamertje, met bed en wasgelegenheid, en als de bewoner het op slot heeft gedaan, heeft hij met niemand meer te maken. Geen impertinent geduw en gedrang, geen rare luchten van medepassagiers die meteen hun sinaasappel gaan pellen, en geen praatjes van de praatjesmakers. 'Ik hing mijn jas aan de kapstok, en bleef in mijn geluk verzonken staan: hier vielen van mij af getal en kleur, waaronder ik bij vreemden moet bestaan'. (Gerrit Achterberg, ongeveer).

Andere voordelen, die iedere lezer zich gemakkelijk zelf kan voorstellen, laat ik hier nagenoeg onbesproken. Wie zin heeft, gaat zich eens in de lange gang vertreden of stelt zich op de hoogte van het publiek dat de andere rijtuigen bevolkt. Misschien valt er toch een praatje aan te knopen. Tussen half acht en acht uur begint in de restauratiewagen de verzorging van de inwendige reiziger. Op de perrons van de kleinere stations en achter de slagbomen van de overwegen dromen de verkleumde forensen samen, ze flitsen voorbij, een heel perron plus overweg per hap of slok. Dat gaat heel snel, en de meesten zullen zich kunnen indenken, welke gevoelens dit passeren wederzijds van het rijtuigraam met zich meebrengt.

Maar daar gaat het niet om. De ware sensaties komen pas na het eten, als men zich omstreeks een uur of elf weer in zijn compartiment heeft teruggetrokken, en na nog wat gelezen te hebben, het licht uitdoet om in ontspannen houding weer naar buiten te kijken. We naderen een grote stad, steeds meer rails, buitenwijken vol mensenpakhuizen met hier en daar een zwak verlichte kamer, tunnels en viaducten met het schaarse verkeer van de late avond, emplacementen met hoge booglampen, en de trein die langzamer, feilloos zijn lijn trekt door de chaos van de metropool. Overpeinzen: wat is het eigenlijk. Het lijkt een exacte bezigheid en vaak niet van gevoeligheid ontbloot, maar in feite loopt alles door elkaar. Zo wilde ik wel weten wat zich afspeelde achter het enkele, vaag verlichte en beslagen raam, zonder overigens de behoefte te voelen, dat hiaat met een of andere overzichtelijke anecdote te vullen. Maar tegelijkertijd dacht ik aan de voorstanders van de zogenaamde kleinschaligheid, en hoe die de onontwarbare knoop van zo'n grote stad tot hun systeem van spinnewiel, koeiemest en windmolens zouden willen terugbrengen. Met andere woorden, hoe dat met de bijbehorende overtuiging op een operatie volgens de Rode Khmer zou moeten uitlopen.

Gelukkig viel ik in slaap voor ik de oplossing had gevonden, en toen ik wakker werd was het weer klaarlichte dag. Het was een vlijmscherpe ochtend, zonder waterdamp, de wielen maakten nog steeds dezelfde cadans op de rails, en in de verte zag ik de besneeuwde bergtoppen. Het was een groot geluk, en niets anders.

(S. Montag in NRC-Handelsblad 3rd December 1977)

gespuis – plebs
drenzig – tedious
emplacement – stockyard
G. Achterberg (1905-62), poet. See also poems on pp. 16 and 82

langs ridderkastelen
op 't stalen ros

nazorg bij 4.999 fietsenmakers

(Advertisement in NRC-Handelsblad)

A small section
on 'kastelen'
which are not
quite castles nor
quite manor
houses

Kastelen blijven fascineren. Waar zij opduiken krijgt het landschap allure, adel, niet zelden een smaak van historie en legenden. Verdoken tussen eeuwenoud geboomte, pralend in het perspectief van statige dreven of zich spiegelend in roerloze vijvers, schijnen zij buiten de tijd te staan. Met hun ondoordringbare parken, hun remises en stallen en kasteelhoeven, hun slotgrachten en sierlijke hekken vormen de voorvaderlijke landgoederen de laatste schrijnen voor een levensstijl in volmaakte harmonie met natuur en kultuur.

Je kunt ze ook anders bekijken. Hoe geraakten sommige prestigieuze geslachten tot zulk groot grondbezit? De rijkdommen, opgestapeld binnen deze prachtige gebouwen, ten koste van hoe veel eeuwen uitbuiting en slavenarbeid werden zij verzameld? Hoe veel ellende van lijfeigenen en pachters was er nodig voor de douceur de vivre van enkelen?

(From *Gazet van Antwerpen* 12th August 1978)

remise – coach-house
schrijn – shrine
douceur de vivre – French for 'ease in living'

See also pp. 9, 16, 39, 53 and 66

From *NRC-Handelsblad* where the three irreverent 'haasjes' regularly comment on current affairs

OOK OP DE VAKANTIEKAART HOORT DE POSTCODE

Ook een vakantiekaart is een belangrijke kaart. Een kaart die snel en op het juiste adres moet aankomen. Daarom adresseert u ook uw vakantiekaarten compleet. En duidelijk. Bij een compleet adres hoort de postcode. 'n Kwestie van een goede gewoonte.

U GEBRUIKT DE POSTCODE ZO:

1. Vier cijfers, dan
2. wat ruimte, dan
3. twee hoofdletters, dan
4. beetje meer ruimte, dan
5. plaatsnaam.
6. En alles zonder streepjes ertussen of streep eronder.

POSTCODE – GEBRUIK 'M GOED.

(Advertisement in *NRC-Handelsblad* 8th June 1978)

From 'Max Havelaar' by 'Multatuli', pseudonym of E. Douwes Dekker (1820-87). This semi-documentary novel contains an early indictment of Dutch rule in the Dutch Indies, now called Indonesia

De Javaan is uit den aard der zaak landbouwer. De grond waarop hij geboren werd, die veel belooft voor weinig arbeid, lokt hem hiertoe uit, en vooral is hij met hart en ziel overgegeven aan het bebouwen zijner rijstvelden, waarin hij dan ook zeer bedreven is. Hij groeit op te midden zijner 'sawah's' en 'gagah's' en 'tipar's', vergezelt reeds op zeer jeugdige leeftijd zijn vader naar 't veld, waar hij hem behulpzaam is in de arbeid met ploeg en spade, aan dammen en waterleidingen tot het bevochtigen zijner akkers. Hij telt zijn jaren bij het oogsten, hij rekent de tijd naar de kleur zijner te veld staande halmen, hij voelt zich thuis onder de makkers die met hem 'padie' sneden, hij zoekt zijn vrouw onder de meisjes der 'dessah' die 's avonds onder vrolijk gezang de rijst stampen om ze te ontdoen van de bolster... het bezit van een paar buffels die zijn ploeg zullen trekken, is 't ideaal dat hem aanlacht... kortom, de rijstbouw is voor de Javaan, wat in de Rijnstreken en in het zuiden van Frankrijk, de wijnoogst is.

Doch daar kwamen vreemdelingen uit het Westen, die zich heer maakten van dat land. Ze wensten voordeel te doen met de vruchtbaarheid van de bodem, en gelastten de bewoner een gedeelte van zijn arbeid en van zijn tijd toetewijden aan het voortbrengen van andere zaken, die meer winst zouden afwerpen op de markten van Europa. Om de geringe man hiertoe te bewegen, was niet meer dan een zeer eenvoudige staatkunde nodig. Hij gehoorzaamt zijn Hoofden, men had dus slechts deze Hoofden te winnen door hun een gedeelte van de winst toetezeggen, en... het gelukte volkomen.

(From 'Multatuli' *Max Havelaar* (1860))

der – of the
zijner – of his
sawah, gagah, tipar – Malay for different types of rice paddy
hem behulpzaam – helpful to him
padie – Malay for unpeeled rice
dessah – Malay for village
Although this extract contains an unusual number of 'Indonesian' words Dutch has
incorporated a sizable Malay vocabulary

From a 20th century book defending colonial rule

DAAR WÈRD WAT GROOTS VERRICHT...

Tot de bekende uitvoerproducten van de Archipel behoren rijst en suiker. Wat de rijst betreft, die op Java in de ware zin des woords steeds een volkscultuur was, daarvoor had de Compagnie maar matige belangstelling. Zij kocht ze alleen op als victualie voor haar schepen en factorijen, maar als export-artikel zal men ze in de statistieken der V.O.C. nimmer aantreffen. We kunnen daaruit afleiden, dat noch de Europese, noch de Indische rijsttafel in de 17de en 18de eeuw bij ons volk veel waardering vond. Trouwens ook onze voorvaderen in Indië kenden de echte rijsttafel niet en beschouwden 'nasi' als een enigszins minderwaardig volksvoedsel.

(F.W. Stapel in W.H. van Helsdingen *Daar wèrd wat groots verricht...* (1941))

The title alludes to a saying by the 17th century Governor General J.P. Coen 'Daer can in
Indien wat groots verricht worden' (Something great can be achieved in the Indies)
des – of the
Compagnie – (the Dutch counterpart of the East India) Company
victualie – victuals
factorij – trading post
V.O.C. *abbrev.* of Verenigde Oostindische Compagnie
nasi – Malay for rice and used quite commonly in Dutch

From a regular column by Ina van der Beugel

Hoe hoger de gebouwen, hoe zachter de tapijten, hoe geruislozer de liften, hoe sneller de auto's, des te steviger wordt je behoefte aan een mens. Aan een gewoon vriendelijk mens. Dit besefte ik weer eens toen ik op een vroege avond in een trein stapte waarin ik niet behoorde te stappen. De trein namelijk reed niet over de rechte lijn tussen twee punten waarover je op wiskundeles al dat gedram hebt gehad. Het was ook niet de lijn die aangegeven werd in de enorme cijfer-van Dale, door de spoorwegen eufemistisch als spoorboekje aangeduid. De trein die ik had opgezocht reed om. Er moest op die manier geld bij. Nu moet er in Nederland practisch overal geld bij dus ik was niet uitzonderlijk ontzet. Maar toch meende de mijnheer tegenover mij, die ik hierover aansprak, dat er moeilijkheden van zouden kunnen komen. En toen begon het aardige. Eerst liep er een blootshoofdse machinist langs die mij tenminste geruststelde omtrent mijn station van aankomst. Zijn trein ging daar zonder mankeren naar toe. Accoord, ik had beter een andere route kunnen kiezen maar dat moest ik dan maar opnemen met zijn collega, de conducteur. Ik weet er al van, sprak deze nadat wij waren gestart, ik weet het al. Hij sprak sussend als een tandarts die zijn spiegeltje van de wortelontsteking wegtrekt. Maar blijft u maar rustig zitten, het komt best in orde. Hij knikte mij vaderlijk toe, een optreden dat je je doet afvragen waarom niet iedereen per trein reist. Op welke autoweg kom je vaderlijke knikkers tegen. Als ze al niet naar hun voorhoofd wijzen of toeteren; als je een kwart seconde te lang voor groen staat racen ze je met een bits gezicht voorbij, in hun nek hun afkeuring uitdrukkend voor je automerk, je rijstijl of beide. Maar het werd nog aardiger. De medereiziger, die zijn bezorgdheid had uitgesproken over de consequenties van mijn fout, deed een greep in zijn binnenzak en sprak tot de conducteur: 'Mag ik u dan namens mevrouw hier een sigaartje aanbieden'.

'Dat', zo antwoordde de conducteur, 'dat mag ik niet afslaan.' Enfin het geheel een één-acter voor drie mannen en een vrouw zonder regisseur met afwijkende visie. De trein spoedde zich langs rijen volkstuintjes waarin de vruchtbomen zich trachtten te herinneren, dat het ondanks het hondeweer toch weer lente was. Niemand wilde met wie dan ook naar bed. Niemand was ten tijde van het gebeuren onder psychiatrische behandeling noch doende een actie comité te vormen, een staking te overwegen of een bom te plaatsen.

Er gebeurde niets waar een uitgever gebrand op is als je met je memoires aankomt. Maar toen ik vier dagen later in zo een groot betonnen bouwsel moest zijn waar een stille lift met niets dan een aan- en uitflappend nummerbord mij naar een geluidloze verdieping voerde, waar figuren met plastic rechthoeken op hun borst bevestigd op deze wijze kennis gaven van hun naam en functie, ervoer ik hoe ontstellend groot je behoefte is aan vriendelijke doodgewone mensen, die een hart hebben inplaats van een informatiebureau. Een gezicht inplaats van een naambord. Die een sigaar uit hun binnenzak halen en geen koffie uit de automaat. En die zeggen: het komt best in orde. Mijn hemel hoe groot is je behoefte aan iemand die zegt dat het best in orde komt. Aan een mens met aandacht in zijn ogen en een echte stem. En geen onzichtbaar wezen dat mededelingen doet via een precies op juiste geluidssterkte afgestelde microfoon.

(From *NRC-Handelsblad* 30th April 1977)

gedram – insistent fuss
van Dale, see article on p. 33
blijft u maar rustig zitten – no need at all to move
een greep in de zak doen – to dive into one's pocket
aan- en uitflappend – flipping on and off
doodgewoon – everyday, run-of-the-mill

From an article by Professor R.P. Meijer, Professor of Dutch at the University of London, under the pseudonym P.M. Reinders

WONEN EN SCHRIJVEN IN HET BUITENLAND

Ze vragen het vaak genoeg. Engelsen zowel als Nederlanders: waarom woon je eigenlijk in het buitenland? En zo lang al. Misschien wel voor altijd? Engelsen vragen het met een lichte verbazing, Nederlanders soms met iets meer dan een lichte. De Engelsen begrijpen het niet, zeggen ze. Hoe kun je nu hun maatschappij verkiezen boven de moderne, open, klasseloze, zich steeds vernieuwende Nederlandse, waar je bovendien drie keer zoveel verdient als hier? Ze gaan wel eens naar Nederland en komen meestal zeer onder de indruk terug. Behalve dan degene die een week of wat geleden in de krant schreef dat hij of zij Nederland het meest 'monumentally boring' land van Europa vond, maar zo iemand is een uitzondering.

De Engelsen mogen ons wel, ze vinden ons bijna Engelsen, en dat is geen geringe lof want dat vinden ze van de Fransen en Duitsers helemaal niet. Cromwell wou ons indertijd trouwens al in de Commonwealth hebben. Juist omdat ze ons zo gelijk vinden en omdat ze ervan overtuigd zijn dat de Nederlanders meer van hun maatschappij gemaakt hebben dan zijzelf, begrijpen ze niet goed waarom wij aan hun kant

81

van het water blijven wonen. Het is moeilijk om hun een behoorlijk antwoord te geven: ik heb geen enkele reden om Nederland te belasteren en ook geen enkele om het Engelse chauvinisme aan te wakkeren. Ik zeg dus maar dat de gemiddelde temperatuur in Londen net iets hoger is dan in Amsterdam, en dan zijn we van het gevaarlijke terrein af.

De Nederlanders vragen het ook vaak, niet altijd met woorden maar ook met blikken van 'vind je ons niet goed genoeg, heb je iets tegen ons?' Ook tegen hen zeg ik dat de gemiddelde temperatuur in Londen iets hoger ligt dan in Amsterdam. Dat is geen kribbigheid maar een signaal dat er op zo'n vraag, in mijn geval tenminste, geen fatsoenlijk antwoord te geven is. Daarvoor is het allemaal te eenvoudig en tegelijk te ingewikkeld. Het is nu eenmaal zo gelopen. Het was dus een ongelukje, zullen sommigen zeggen. Een groot geluk, vinden anderen. Lotsbestiering, mompelen weer anderen, of ondernemingsgeest, of sloomheid. Ik weet het echt niet.

(From *NRC-Handelsblad* 3rd November 1978)

lotsbestiering=lotsbesturing – predestination

Bruiloft

Dit is een bruiloft; allen bij elkaar.
Het ouderhuis zit vol nieuwe gezichten,
die tussen de van ouds bekende oplichten
als vreemde rozen in een rozelaar.

Een ogenblik verpozen bij 't altaar
de bruidegom en bruid om Gods gerichten
over te nemen, bijbel, ring en plichten
en dan is dit gedeelte kant en klaar.

Nu gaat de dans beginnen. Wijn en zang
stromen elkaar voorbij in milde kelen.
Vreugde verdiept zich tot egaal geluk.

Familie duurt een mensenleven lang.
Door deze avond trekt het grote telen
waaraan wij zijn te danken, stuk voor stuk.

(From G. Achterberg Cryptogamen III (1954))

telen – breeding

A short story

ONVERWACHT WEERZIEN

Toen Japie vijftien jaar was werkte hij op een advocaten-kantoor in een voorname straat. Naar zijn zin had hij het er niet. Hij moest lange stukken kopiëren, wat heel precies diende te gebeuren. Weer andere stukken moest hij in een versleten tas naar de grote rechtbank (aan een gracht) of naar de kleine rechtbank (aan een plantsoen) brengen en daar aan een bode afgeven. Bij het kopiëren maakte Japie wel eens een vergissing, wat altijd uitkwam want de oudste advocaat hield elk vel papier tegen het licht om te zien of er soms in gevlakt was.

Samen met een magere juffrouw, die nooit zo'n abuis maak-te, werkte Japie in een gedurig koude achterkamer. Eigen-lijk waren de tochten naar de rechtbank voor Japie een soort verlossing. Hij bleef dan ook zo lang mogelijk weg. Ja-pie voelde zich in die stille buurt een beetje gedeporteerd. Wél was het er mooi. Er stonden bomen en er woonden ook veel oude deftige dames. Alles was er netjes. In de herfst ruimden straatvegers de gevallen bladeren op, maar echt nodig was het niet.

De jongste advocaat was de compagnon in de firma. Hij be-hartigde kleine zaken. Aan een bijzettafel stelde hij in krie-belschrift zijn brieven op. Tegenover hem, aan een groot bureau met inktvlekken, zat de oudste. Die schreef zijn naam met woeste letters. Als hij de magere juffrouw dic-teerde dan was de compagnon – schijnbaar toevallig – niet aanwezig. De oudste had het hele kantoor nodig. Onder het spreken bonkte hij als een kaperkapitein van het raam naar de boekenkast, van de deur naar de haard. Wanneer hij zich opwond werden zijn grijze ogen groenig en trilden zijn han-den. Eens zei hij: godverdomme!

De magere juffrouw kreeg een kleur en de oudste advocaat maakte direct zijn excuses. Hij wist hoe het hoorde.

Eerst reed hij op een blinkend nieuwe fiets, later zat hij aan het stuur van een open autootje. Japie meende dat hij uit Indië kwam. Zijn cliënten behandelde hij zeer verschillend. Sommige ontving hij onmiddellijk, andere liet hij wachten. Er was een stokoude, hardhorende man met een baard die over zijn jas hing. Hij heette Nathan Visser en had een kwestie met zoons over zijn erfenis. De oude man zat soms twee uur lang in de wachtkamer voordat hij in het kantoor werd binnengelaten. De advocaat noemde hem nooit meneer Visser maar altijd gewoon Visser. Hij schreeuwde hem geleerde rechtstermen in de dove oren en liet hem na vijf minuten alleen naar de straatdeur strompelen. Japie kon wel merken dat hijzelf ook niet in de gunst stond. Aan het eind van de maand haalde de advocaat zijn portefeuille voor de dag en gaf Japie met een hopeloos gebaar zijn loon. Soms zei hij iets over Rusland en Duitsland. Dat de Russen zich niet alles moesten verbeelden en dat het in Duitsland goed ging. In Duitsland werd gewerkt en niet gepraat; daar kon niet iedereen maar kwaken wat hij wilde zoals in Nederland dat door ratten als Visser met zijn zoons werd leeggevreten.

De magere juffrouw moest elke twee maanden een gewichtig stuk typen, een verzoek van de advocaat aan de koningin om hem als rechter aan te stellen. Wanneer dit stuk weereens weg moest ontstond er een zenuwachtige spanning. Japie moest er duur papier en dure zegels voor halen. De juffrouw zat met een puisterig rood gezicht te typen terwijl de advocaat over haar schouder de zinnen volgde. Hij had er haast mee, alsof hij zijn huidige leven zo gauw mogelijk aan de kant wilde doen. En steeds eindigde het stuk met de woorden. Van Uwe Majesteit de meest getrouwe onderdaan. Maar rechter werd hij niet.

Op een dag moest Japie een aangetekende brief wegbrengen. Het ging over vergoeding van een lading hout die in de Oostzee bij noodweer van een schip was afgebeukt. De advocaat had de brief onder grimmig heen en weer geloop gedicteerd. Een dikke ader stond op zijn voorhoofd, hij morste thee op zijn bureau. Het was al laat in de middag, alles moest plotseling op stel en sprong. Japie draafde met de brief naar een hulppostkantoor in de buurt, maar het was al gesloten. En Japie gooide de brief gewoon in de bus.

Toen hij weer terugkwam vroeg de advocaat om het aantekenbewijsje. Japie had er geen. De advocaat werd blauw. Hij kon er geen woord uitkrijgen. Hij beefde en schudde, greep het telefoontoestel en smeet het tegen de grond. Als een dolleman stapte hij op de gewreven houten vloer. Hij graaide zijn vulpenhouder van zijn bureau en gooide die uit alle macht tegen de boekenkast aan stukken. Daarna stormde hij naar buiten, sprong hij in zijn autootje en raasde weg. Toen hij terugkwam was hij gekalmeerd. In de koude achterkamer keek hij Japie aan en zei: 'Donder op, stommeling en voorgoed!'

Zo trok Japie voor het laatst de deftige deur achter zich dicht. Zonder goeiendag, ook zonder getuigschrift. Een familielid gaf hem toen wat werk. Niet van harte en misschien omdat het loon toch erg laag was, maar Japie kreeg zijn betrekkinkje. Hij moest helpen bontjes in dozen te doen. Later plakte hij bonnetjes in mappen. Japie werkte en mocht dus ook eten. Toch was zijn leven grauw. Het werd zomer en winter en tenslotte oorlog. De mensen liepen zenuwachtig door elkaar heen, sirenes gilden, er hingen brandwolken boven de stad, ramen werden dichtgeslagen, het was een halve warboel. Een grijsgroen leger dreunde de stad binnen en ging niet meer weg. Overal zag je wagens met rupsbanden. Op de stoep van een groot gebouw stond iemand te huilen. Alles was een heel stuk anders geworden. Japie had geen werk en te eten had hij maar een klein beetje. Wel was de zomer mooi en Japie bezat nu ook twee jassen, een versleten jas voor door de week en een half versleten jas voor de zondag.

Op een avond fietste Japie bij schemer door de stad. Plotseling reed er een agent naast hem. Hij commandeerde Japie om af te stappen. Maar Japie vloog er vandoor, een hoek om en een smalle gracht op, met de agent achter zich aan. Japie hoorde hem hijgen. Op een brug voelde hij een ruk aan zijn bagagedrager, alsof hij plotseling een zware steen moest meetrekken. Japie kwam steeds langzamer vooruit en toen hij tenslotte helemaal stilstond stapte hij maar af. Hij moest mee naar het bureau en kreeg een proces-verbaal voor gevaarlijk rijden zonder licht en voor wegvluchten. Zijn fiets werd in een donker hok opgeborgen.

Later moest Japie voor de rechter komen. In zijn zondagse jas ging hij naar de kleine rechtbank (aan het plantsoen) waar hij vroeger die stukken had afgegeven. Zodra hij de zaal binnenkwam en de rechter zag zitten herkende Japie hem: hetzelfde steenrode gezicht, nu boven een witte bef, de grijze ogen en de spitse neus. Er was wat heen en weer geloop.

Zeker Edelachtbare, zoals u wilt Edelachtbare, zeiden de gerechtsdienaren. Eerst moest iemand van een cafetaria voorkomen. Hij kreeg een zware boete omdat hij met ijs had geknoeid. Zoiets mocht, zei de rechter, in de nieuwe tijd niet meer voorkomen. Toen was Japie aan de beurt.

De rechter las voor wat Japie had misdreven en legde daarna de papieren opzij. Hij keek Japie aan. Zijn ogen werden weer groenig, net als vroeger. Kwaad snauwde hij: 'Wat voer je tegenwoordig uit?'

Dat kreng! dacht Japie en toen zei hij: 'Ik ben van Hare Majesteit de meest getrouwe onderdaan.'

De rechter kreeg een kop als vuur. 'Twee kwartjes,' zei hij, wat Japie, eerlijk gezegd, nog meeviel.

(From Joop Waasdorp *Welkom in zee!* (1970))

vlakken – to smudge, to rub out
straatveger – road sweeper
kriebelschrift – crabbed handwriting
afbeuken – to batter off (a ship)
op stel en sprong – very hurriedly
hulppostkantoor – sub-post-office
aantekenbewijsje – stub, receipt (showing that a registered letter has been sent)
vulpenhouder – fountain pen holder
donder op – *colloq.* get out
bagagedrager – carrier (on bicycle)
bureau – police station
bef – bib
misdrijven – to do wrong

LIEFHEBBEN

Aimer, zegt men in het Frans. Dat zegt veel, en zelfs alles, natuurlijk en het zegt het mooi. Maar ons rijke Nederlands zegt toch nog meer. Ik zie je graag, ik heb je lief, ik houd van je. Kijk eens wat een heel levensverhaal: eerst zien, dan willen hebben, en vervolgens blijven houden! Om nog te zwijgen van beminnen, dat wel rijmt met zinnen en dubbele kinnen, maar ook met een eeuwig opnieuw beginnen en iets heel dieps van binnen.

(From Johan Daisne *Met een inktvlek geboren* (1961))

VLAAMS DRUKKER VERDIENT BROOD MET
AARDRIJKSKUNDE

Als je vraagt aan pas gepromoveerde humaniorastudenten, mensen dus met diploma-op-zak, waar Iran ligt, of Saoedi-Arabië, of Koeweit, krijg je oliedomme antwoorden. De meesten moeten hun hersens mateloos pijnigen om met benaderende zekerheid op een blinde kaart aan te wijzen waar bv India, Argentinië of Groenland ongeveer te situeren zijn. Sommigen slagen erin het flink uit de kluiten gewassen Groenland een plaatsje voor te behouden in Oceanië.

De aardrijkskundige kennis van het eigen land is al even beroerd. Brussel dat zich zo graag de hoofdstad van Europa noemt, scoort bij diezelfde humaniorastudenten onthutsend lage cijfers. En Brugge, Luik en Charleroi, waar toch ook een flink aantal zielen samentroepen, gaan helemaal de mist in. Onze afgestudeerden middelbaar onderwijs slaan als blinden naar een ei en naar een eiland. Dat is de toestand. Jammeren helpt niet.

Over de mensen aan de andere kant van de barrière, de leraren aardrijkskunde doen eveneens sterke verhalen de ronde, zij het op een ander vlak. In een ver verleden was er een leraar die zich ging toeleggen op het tekenen en uitgeven van aardrijkskundige kaarten. Wetenschappelijk nam de man het echter niet zo nauw. Het kwam zo ver dat dit eminente lid van het onderwijzend korps gestrafte scholiertjes in het produktieproces inschakelde. Jongetjes die stout waren geweest, werden door de kartograaf niet met stokslagen getuchtigd; zij moesten in de na-schoolse uren hun medewerking verlenen aan het uittekenen van de kaarten.

Henk Plaizier, redakteur buitenland van 'De Nieuwe Gids' werd anno 1950 bijna dagelijks gekonfronteerd met een acuut gebrek in de journalistieke berichtgeving: aardrijkskundige kaarten die toelichting zouden kunnen verstrekken bij de aktualiteit-van-de-dag waren nauwelijks te vinden. Voor de duidelijkheid van een bericht bleek dergelijk materiaal nochtans essentieel. Plaizier bleef niet wachten op betere tijden, maar sloeg de hand aan de ploeg. De vruchten van zijn arbeid kunnen vandaag bekeken worden in de Gaucheretstraat in Brussel, vlakbij het Noordstation. Daar is nu de firma Carto gevestigd, een bedrijf dat in een flink stuk van Europa de gebrekkige aardrijkskundige kennis wat tracht op te peppen. Carto doet geen beroep op ge-

87

strafte jongetjes, maar op gespecializeerde lieden – redakteurs, kartografische tekenaars, foto-laboranten en drukkers, 21 man in totaal – die voor hun bedrijvigheid het epiteton wetenschappelijk opeisen.

Onlangs werd 'n kaart van de Westeuropese waterwegen uitgegeven. Een ontzaglijk werk. Het gaat om een oorspronkelijke, wetenschappelijke editie. Op de kaart vindt men de bevaarbaarheid van de diverse Westeuropese rivieren met opgave van alle bijzonderheden en hindernissen zoals sluizen.

Andere adders onder het gras zijn spelling en transkriptie. Plaatsnamen in, pak-weg, Cyrillisch schrift zijn haast niet te herschrijven. De transkriptie gebeurt veelal naar analogie met het Duits. De Engelsen en de Italianen nemen het niet zo nauw, zij zijn barbaren op dit vlak. Vaak weten zelfs taalspecialisten geen raad met de herspelling van bepaalde woorden.

(From *Trends* 1st March 1977)

humaniora – A-levels (in Belgium)
de mist ingaan – to get quite lost
oppeppen – to improve
pak-weg – let's say

From an article
about a 'dig'

EEN DAGJE GRAVEN

Tijdens werkzaamheden aan de Leidse Pieterskerk werd begin dit jaar het stoffelijk overschot van de medicus Boerhaave boven de aarde gebracht. Op het nippertje, voordat de draglines toesloegen, wist men het lichaam van nog een andere illustere stadgenoot aan het licht te brengen: dat van de natuurkundige Van Musschenbroek (1692-1761). Boudewijn Büch was aanwezig bij dit macaber ritueel.

'Plotseling werd mijn rechterhand met zulk een geweld geschokt, dat mijn gehele lichaam als door een bliksemslag werd getroffen...'. Aldus beschreef Petrus van Musschenbroek één van de eerste ervaringen die de mens opdeed met kunstmatig opgewekte elektriciteit. Hij had de 'Leidse Fles' uitgevonden. De voorloper van het tegenwoordige batterijtje waarop onze portable radio speelt.

Van Musschenbroek kwam uit een familie van natuurkundigen. Hij werd geboren op 14 maart 1692 te Leiden en studeerde daar bij helden van de geest als Boerhaave, 's Grave-sande en Albinus. Zijn proefschrift handelde over de opna-me van 'lucht' in het bloed, en de vraag of dit nu via de lon-gen geschiedde dan wel op andere wijze. De wetenschap was in die tijd nog niet zo verkaveld als nu. Van Musschen-broek begon als arts in Leiden, deed wat aan de 'experimen-tele fysica' te Londen (waar hij zeer waarschijnlijk Newton ontmoette) en werd hoogleraar in de wiskunde en de filoso-fie te Duisburg. Voor de aardigheid richtte hij boven op de toren van de Salvatorkirche een 'hemelstudiecentrum' in.

Vervolgens vinden wij de geleerde als professor te Utrecht. 1740 komt de rusteloze man weer in Leiden terecht. Aller-wegen is er aan hem getrokken: aanbiedingen bereiken hem uit Kopenhagen, Göttingen, Berlijn en zelfs uit Span-je. De vorst van het Iberisch schiereiland bood hem 25.000, toen nog spijkerharde, guldens. Maar Van Musschenbroek bleef in zijn geboortestad. Daar schreef hij zijn beroemd ge-worden leerboeken, vond 'een werktuig tot proefnemingen aangaande de wrijving der metalen' uit, ontdekte het soor-telijke gewicht van water en ontwierp de atmometer en de pyrometer. Zijn lessen werden zeer druk bezocht, zijn hu-welijksleven was tweemaal gelukkig en op het toppunt van zijn roem stierf hij op 69-jarige leeftijd te Leiden na elf da-gen aan koorts te hebben geleden.

Petrus van Musschenbroek werd begraven in de Pieters-kerk te Leiden en lag daar in alle rust onder een zware steen tot 25 februari 1980. Dank zij archiefonderzoek kon de plek getraceerd worden waar de geleerde zijn laatste rustplaats had gevonden.

Om kwart over negen in de ochtend stonden drie heren met stoffers, kleine verfkwastjes en tuingereedschap aangetre-den in het ijskoude bedehuis. Op zoek naar een natuurkun-dig genie.

Eerst moet er een meter puin worden uitgegraven. Dat ge-beurt met de zogenaamde 'Hollandse zandschop'. Dan komt de 'ballastschop' (die de gravers een 'zweetlepel' noe-men) eraan te pas en vervolgens begint het heel geleidelijk afschaven van de aarde. In een hoekje van de grafkelder stuiten de geleerden plotseling op een kleine kist. In het kinderkistje blijkt het geschudde gebeente van een van de vrouwen van Van Musschenbroek te zitten. Het kistje valt uit elkaar, een deel van de schedel van mevrouw Van Musschenbroek wordt in een plastic zak gestopt. Er wordt verder gespit. De resten van de fysicus komen te voorschijn. Met een stoffer (van een stoffer-en-blik) worden de resten zachtjes gestreeld. Met een kwastje wordt er naar tanden en kiezen gezocht.

Er is nog maar heel weinig over van Van Musschenbroek. Eigenlijk niet meer dan een schaduw van zijn stoffelijk overschot. De schedel is vergaan. Van de beenderen worden nog slechts de onderbenen aangetroffen.
Het is de laatste opgraving geweest die mogelijk was in de Pieterskerk. De restauratiewerkzaamheden laten geen verder gepulk in de oude aarde toe. Jan Steen en de schrijver van ons volkslied, Marnix van St. Aldegonde, zij zullen niet meer aan het daglicht komen.

(From *NRC-Handelsblad* 19th March 1980)

H. Boerhaave (1668-1738), W.J. van 's Gravesande (1668-1742) and H. Albinus (1653-1721) were all scientists working in Leyden at some time in their careers
Jan Steen (1626-79), painter especially known for his portrayal of lively festivities. Hence 'een huishouden van Jan Steen' is a chaotic household
P. van Marnix van St Aldegonde (1540-98), psalmist and probably author of the Dutch national anthem 'Het Wilhelmus', written in honour of William the Silent (1553-84) and his struggle for the political and religious freedom of the Netherlands against Spain

(Advertisements in *NRC-Handelsblad*)

From a regular column by Ina van der Beugel Rond deze tijd gebeurt het dan weer dat we, zoals mijn moeder dat noemde 'zonder licht' aan tafel gaan. De lamp niet aan en de gordijnen niet dicht. In plaats daarvan de wat grijzerige belichting die bij de eerste lenteavonden hoort en die mij al toen ik een klein kind was onzegbaar melancholiek maakte. Het is nu voorjaar, zei mijn moeder dan en in

onze straat werd dat voorjaar rond het vallen van de sche-
mering begeleid door het luide gebel van kinderen op hun
fiets, waarop ze, voor het slapen gaan nog een rondje mochten rijden.

Je had in die jaren geen teevee die het amusement panklaar
thuis leverde en op die wijze een gelijkgeschakeld einde
maakt aan de kinderdag. Vroeger moest je zelf maar zien
hoe je je na de pudding en vóór het tanden poetsen ver-
maakte.

De verhalen van spelletjes rond de tafel zijn, voor zover het
de weekdagen betrof, hogelijk overtrokken. Je vader las de
krant. Je moeder schonk thee en jij mocht nog even naar
buiten. Rond half acht klonken er dan kreten door de straat:
Jaapje moest binnenkomen en Lientje, waar zit je. Lientje
hinkelde dan om de hoek of ze maakte even een rondje op
de fiets van Ansje en dan bleek weer dat heilzame gebrek
aan voorlichting aan ouders: de roepende moeder had
hoogstens zorg over Lientje's verlate bedtijd, niet over haar
vroegtijdige zwangerschap.

Maar ik had die periode van het jaar altijd moeite om te
wennen. Het lamplicht boven de tafel en de toegetrokken
gordijnen gaven mij een veilig en geborgen gevoel. Zo een
dag die maar voortduurde vervulde mij met een knagend
heimwee naar iets, dat ik niet vatten kon.

Ik denk dat het toch weer iets te maken had met het zoeken
naar de sprookjesprins en de instinctieve zekerheid dat die
onvindbaar zou blijven en de realiteit mij nopen zou mij tevreden te stellen met een stapeltje prins-met-weeffouten.

Langzamerhand wende het dan wel weer en vooral op
straat spelen na het eten was heerlijk.

Als je naar binnen werd geroepen heette dat dat je 'naar boven' moest. Alles wat met bedden had te maken was boven.
Nederland kende toen nog geen flats. Als het voorjaar was,
kreeg je geen levertraan meer maar helaas ook geen suiker-
pepermuntje, een koppelverkoop waaraan streng de hand
werd gehouden. Lag je er dan in op zo een vroege voorjaars-
avond dan was het buiten nog een beetje licht. In de stad
werd die toestand niet begeleid door zingende vogels maar
door elkaar toeroepende oudere kinderen en om dat allemaal niet te zien en te horen trok ik de dekens helemaal
over mijn hoofd.

Ik wilde dat het donker was en een medisch opvoedkundig bureau van heden zou hebben vastgesteld dat ik terug wilde in de baarmoeder, een woord dat mijn moeder hoogstens tolereerde in de spreekkamer van de gynaecoloog. Gelukkig bestond zo een bureau niet in de jaren toen ik een klein meisje was tenminste niet voor kinderen, die volgens hun ouders en het schoolhoofd door moesten gaan voor normaal. Maar ik mocht van mijn moeder niet slapen met de dekens over mijn hoofd. Dit niet uit psychologische overwegingen, ze was alleen bang dat ik zou stikken.

Als moeder 's avonds voor zij zelf ging slapen naar mij kwam kijken, zei ze bezorgd: kind, kind en streek lakens en dekens weer terug naar schouderhoogte. Maar ik trok me er niets van aan.

Mijn afkeer van de lenteavond was te groot. Tot op een avond mijn vader aan mijn bed verscheen. Als je dat nog eens doet, zei hij heel ernstig, dan worden wij heel kwade vrienden. Sindsdien heb ik nooit meer met de dekens over mijn hoofd geslapen. Wonderlijk eigenlijk. Na een halve eeuw zie ik hem nog over mij heengebogen staan. Kwade vrienden, zei hij. En beslist nooit één artikel, laat staan een boek gelezen over de psychologie van het kind.

(From *NRC-Handelsblad* 1st April 1978)

vallen – the verb which is always used for the coming-on of dusk (there is no exact equivalent in English)
panklaar – *usu.* said of convenience food and meaning 'ready-to-cook'; here used in a transferred sense of 'ready-made amusement'
gelijkgeschakeld – an electrical term used here in both a literal and transferred sense to indicate the artificiality of modern life
geborgen – secure
prins-met-weeffouten – 'prins' is the name of a linen firm and here punningly used. 'met weeffouten' – seconds
lag je er dan in – once in bed
koppelverkoop – tie-in sale
kwade vrienden – *lit.* angry friends=bad friends

An episode in an electrician's life

AANTEKENINGEN VAN EEN INSTALLATIE-INSPECTEUR

Eigenlijk voelde ik er nooit zo veel voor kennissen die je opdoet tijdens de vakantie naderhand nog eens een keer op te zoeken. Het valt meestal een beetje tegen. Dat ligt niet aan de mensen, maar in een kamp of op reis leer je elkaar onder toch wat bijzondere omstandigheden kennen. Wanneer je ze dan later weer ontmoet zijn ze thuis in hun gewone bedoeningen en zelf ben je natuurlijk ook niet meer zoals op vakantie. Maar voor Nico en Annette maak ik een uitzondering. Toen mijn vrouw en ik daar kennis mee maakten klikte dat van het eerste moment af en dat is ook zo gebleven. Gewoon een stelletje aardige mensen die zichzelf blijven en niet de hele tijd over andere mensen of over het eten kletsen. We waren die middag een flink eind gaan wandelen en 's avonds hadden we niet veel puf meer om er weer op uit te gaan en dus zaten we iets te drinken, op een bank in de tuin van het hotelletje. We hadden het over plezier in het werk: dat vrouwen het moeilijker hadden dan mannen, als het ging om de dagelijkse kring waarin ze verkeren die nu eenmaal kleiner is maar dat ze het wat gemakkelijker hebben omdat ze toch meer hun eigen tempo en zo kunnen bepalen. 'Toch geloof ik', zei Nico toen, 'dat het voor een groot deel afhangt of je in je werk gelooft. Als je er het nut van inziet en als je weet waarom het nou net op die manier moet dan sta je daardoor heel anders tegenover je werk dan als je het maar een taaie klus vindt die je nu eenmaal moet doen om je boterhammen te verdienen. Waarom ben jij nu bij voorbeeld installatie-inspecteur? Zo'n leuke baan lijkt het me nu ook weer niet, de hele tijd mensen te lopen betuttelen of ze wel precies volgens de voorschriften werken.'

Nou ja, zo erg was het ook weer niet heb ik toen wel gezegd maar Nico wilde toch weten waarom ik dat vak had gekozen. Dat is een heel verhaal, maar het komt hier op neer. Als jongen had ik, toen ik nog op school zat, altijd al veel met elektriciteit gewerkt: een belletje, een lichtpunt in de schuur, je kent dat wel. Het was dus eigenlijk nogal logisch dat ik de electrotechniek tot mijn vak koos en daar een stelletje diploma's in haalde. Ik ben nog een tijdje tekenaar geweest maar praktisch werk beviel me beter en toen ben ik weer in de praktijk gegaan. Bij een groot installatiebureau, dat vooral in bedrijven werkte. Mooi werk, goed verdienen, een stelletje toffe kameraden. Affijn, we zijn op een dag aan het werk in een koelhuis. Er moesten een stel leidingen gelegd worden langs een muur en dat gaat dan met van die zadeltjes. Gaatje boren, plug erin, vastschroeven, je kent dat wel. Zegt een van mijn kameraden dat hij die boortol niet vertrouwt. 'Hij pikt telkens een beetje', zegt-ie.
Nou stond ik eigenlijk op hem te wachten want ik kon niet verder en dus zeg ik dat ik dan die paar gaatjes wel zal boren als hij zo bang is. Ach, je werkte elke dag met elektriciteit en je went er aan dat het ook wel eens gevaarlijk kan zijn. Hij

zegt nog: 'zou je 'm niet eerst even controleren?' Maar ik wou opschieten en dus ga ik dat aluminium laddertje op en begin te boren. Niks aan het handje, maar ik weet nog dat ik een beetje aan het snoer trok omdat ik me wat moest rekken en daar kijg ik me toch een optater! Met mijn linker hand aan de stijl van die metalen ladder, die tegen een goed ge-aarde metalen opbouw van een installatiekast stond, kun je begrijpen. De volle mep van 220 volt ging door me heen, maar ik heb geluk gehad. Ik kromp door die spanning hele-maal in elkaar en toen kwam die boortol tegen de ladder. Die maakte toen 'n beste kortsluiting en daardoor ging de stop door. De weerstand van mijn lichaam was te groot dan dat er een stroom van voldoende sterkte doorheen kon gaan. Maar mooi dat je dan toch niet los kunt laten. Mijn ka-meraden hadden het wel zien gebeuren en waren zich rot geschrokken maar geen van beide was op het idee gekomen om de stroom uit te schakelen. Het hele geval duurde trou-wens maar een paar seconden. Achteraf bleek dat er een draad was losgeschoten, onder een schroefje weg. Omdat het een metalen boortol was, die niet dubbel was geïsoleerd – zoals de meeste tegenwoordig gelukkig wel – en boven-dien de aarding niet deugde omdat we het ding in de gau-wigheid 'even' op een niet-geaarde contactdoos hadden aangesloten kon dit ongeluk ontstaan. Drie fouten op een rijtje. Ik heb het dus overleefd, met een geweldige schrik en een paar dagen goed pijn in mijn korpus. Toen stond er een advertentie in de krant dat er een installatie-inspecteur werd gevraagd bij het elektriciteitsbedrijf en daar ben ik toen op af gegaan.

'Heb je wel eens goed aan de spanning gezeten?' vroeg mijn toekomstige chef. Ik heb hem toen het verhaal verteld. 'Dan weet je tenminste wat we hier proberen te voorkomen', zei mijn nieuwe baas. Dat was een soort filosoof, op zijn ma-nier. Hij had trouwens heel wat meegemaakt in zijn leven. Tja, en zo ben ik in dit vak gekomen en ik doe het nog steeds met veel plezier. 'Jij kunt het nog navertellen', zei Nico, 'maar het is ook wel duidelijk dat zo'n herinnering wel wat betekent voor je werk'. 'Dat verhaal had je me nog nooit zo verteld,' zei mijn vrouw 's avonds toen we naar bed gingen. 'He jasses, stel je voor...' Zo zie je dan weer.

(From *Stroom* 1978)

in hun gewone bedoening – in their usual way of life
klikken – to click (an Anglicism)

puf – energy

klus – *colloq.* job

lopen betuttelen – to fuss bossily over, to interfere

het komt hierop neer – this is the important part

affijn – *colloq.* for Fr. enfin; well, anyway

boortol – electric drill

pikken – to falter

optater – *colloq.* tremendous shock

de stop ging door – the fuse blew

zich rot schrikken – *colloq.* to get a terrible shock, the shock of one's life

aarding – earthing

in de gauwigheid – in a hurry, in the heat of the moment

contactdoos – socket

korpus – *colloq.* body, 'frame'

tja – *colloq.* well, that's it; well, well; there you are

zo zie je dan maar weer – you never can tell

De ooievaar van Oudewater, vaste gast in het stadje, is druk bezig orde op zaken in zijn nest te stellen. Hij vliegt al enkele dagen af en aan, in afwachting van de komst van het vrouwtje, waarnaar in Oudewater met spanning wordt uitgekeken. Het ooievaarsnest staat op het gemeentehuis en is elk jaar weer voor duizenden een trekpleister. (Foto ANP)

(From *NRC-Handelsblad*)

BETEKENIS VAN ARBEID IN DE SAMENLEVING

Niet alleen de mens zelf verandert, ook de maatschappij waarbinnen hij functioneert. Dit geldt ook wat betreft de betekenis die aan arbeid wordt toegekend en de opvattingen over wat bijv. menswaardige arbeid is, en wat men van zijn beroep mag verwachten. De historische opvattingen hierover zijn ook aan veranderingen onderhevig. Is arbeid een plicht, zelfs een vrij zware: 'In 't zweet des aanschijns zult ge uw brood verdienen' of één van de mogelijkheden tot menselijke ontplooiing: 'arbeid adelt'? Is arbeid de enige of voornaamste mogelijkheid om in het leven te blijven, een inkomen te hebben of speelt dit slechts een ondergeschikte rol?

Het zou te ver voeren alle alternatieven uitvoerig in een historisch kader te analyseren.

Bijzonder veel feitelijke informatie uit een wat verder verleden is bovendien niet aanwezig, zeker niet gelet op de individuele beleving van de mens van diverse arbeidssituaties. Wel mag worden gesteld dat de huidige werkende oudere generatie opgevoed is met het idee dat arbeid noodzakelijk is om in het levensonderhoud te voorzien. Wie dertig tot vijftig jaar geleden geen werk had, had het economisch gezien slecht. De verschrikkingen van langdurige perioden van werkloosheid van voor de tweede wereldoorlog zijn vele ouderen bekend. Opleiding en scholing waren zelfs meer dan nu het geval is beperkt, en noodgedwongen moesten velen zo snel mogelijk een plaats in het arbeidsproces gaan innemen. Niet zelden hoort men bij ouderen de opmerking dat als zij evenveel kansen hadden gehad als de huidige jongeren wat betreft het volgen van verdere opleidingen, dat zij dan wel ander werk, een andere positie zouden hebben gehad. Dit is op zichzelf nog geen ongunstig verschijnsel, elke volgende generatie zal beter opgeleid en geschoold zijn dan een voorgaande. Ook de jongeren van nu zullen later hoogst waarschijnlijk tot een soortelijke uitspraak kunnen komen. Daar staat tegenover dat in de loop van een leven, ook beroepsleven, een grote ervaring wordt opgebouwd met mensen en dingen. Dat dit aanleiding kan geven tot conflicten ligt voor de hand: een voorsprong qua – technische – kennis bij de jongeren en een grotere ervaring bij ouderen kan onderlinge wrevel veroorzaken. Het is hierbij vaak moeilijk om uit te maken welk van beide partijen gelijk heeft. Het meest voor de hand ligt dat beide aspecten nodig zijn, en dat in een sfeer van wederzijds accepteren en respect ook de arbeidssituatie het best gediend is. Een moeilijk punt hierbij is de vraag wat de ervaring van ouderen waard is in een maatschappij die onderhevig is aan snelle veranderingen. Hier is het beeld duidelijk anders dan vroeger, in een meer stabiele maatschappij. Meer kennis van hoe het vroeger was vormde daar een voorsprong, maar kan nu een handicap zijn, omdat deze kennis niet zonder meer toepasbaar is op de huidige situatie. Dit geldt met name in het arbeidsproces. Functies veranderen constant, soms geleidelijk, soms abrupt, van inhoud. Stabiele arbeidsverhoudingen worden doorbroken, arbeidsmethoden veranderen, evenals de opvattingen over de invloed die de werker op zijn arbeidssituatie moet hebben. Inspraak, medezeggenschap, werkoverleg e.d. zijn verschijnselen, waarmee de huidige ouderen niet zijn opgegroeid. Er zijn aanwijzingen dat de combinatie van bijblijven met vaktechnische kennis en het leren omgaan met nieuwe arbeidsverhoudingen, inclusief veel vergadertijd op den duur een grote psychische belasting gaan vormen. Hoe de toekomst er in dit opzicht zal gaan uitzien, is nog open. Wel hoort men hier en daar waarschuwende geluiden dat het huidige arbeidstempo, de snelle veroudering van kennis, de gecompliceerdheid van de vragen en de steeds grotere onoverzichtelijkheid in besluitvorming tot grote problemen zal leiden. Het bedrijfskader wordt steeds jonger, met toch het gevaar van een technocratie – zelfs in sociale verhoudingen. Er bestaat een zekere vrees, dat in deze situatie het arbeidsproces voor ouderen steeds meer te belastend gaat worden, als er geen tegenkrachten gaan optreden. In deze zin is de invloed van de ruimere samenleving op de arbeidsbeleving van de ouderen groot.

Daar komt nog bij dat ook een van de kenmerken van de huidige samenleving is dat men door hard werken stijgt, minstens op de bedrijfshiërarchische ladder. Ook dit wordt steeds meer een onmogelijkheid. Het duidelijkst is dit in administratieve organisaties. Er zijn altijd minder leidinggevende functies dan er werknemers zijn, een automatische carrière hoort steeds meer tot de onmogelijkheden. Ook dit kan weer leiden tot spanningen en teleurstellingen.

Tot slot wordt de problematiek van de ouder wordende werknemer op een heel speciale wijze gekleurd door de maatschappelijke waardering voor de ouderdom, en dus ook door de fase die daaraan vooraf gaat: het ouder worden, de middelbare leeftijd. In dit kader hoeft hierop niet nader te worden ingegaan. Volstaan kan worden met de constatering dat de waardering minder positief is. Dat dit ook gevolgen moet hebbben voor de individuele zelfbeleving van de oudere werknemer, is begrijpelijk. Hij weet dat hij, mede om zijn leeftijd, een geringere kans maakt om van baan te veranderen, om elders aangenomen te worden als hij werkloos raakt.

In de huidige arbeidssituatie is de kans echter groot dat hij op enig moment tussen 45 en 65 jaar voor deze situatie wordt geplaatst. Wellicht is dit een van de mogelijke oorzaken van het grote aantal vroegtijdig gepensioneerden via de WAO. Wanneer de positieve mogelijkheden van ouderen meer onderkend worden, en er ook meer gebruik van wordt gemaakt, zou de positie van de werkende ouderen, maar wellicht ook van jongeren, er waarschijnlijk gunstiger uitzien.

(From Han Janmaat *Ouder worden in de werksituatie* (1977))

toepasbaar – applicable
inspraak – right to participate, a voice
werkoverleg – discussion about work
besluitvorming – decision-making
zelfbeleving – selfregard
WAO – *abbrev.* of Wet ArbeidsOngeschiktheid, a law regarding unfitness for work and the pension regulations concerning this

Er gebeuren soms vreemde dingen. Een paar jaar geleden was er, ter ere van het Nederlandse Rundveestamboek, een koetjeszegel. De koetjes hadden wel een veel te lange staart gekregen van de tekenaar, maar een kniesoor die daarover valt. Evenwel: op één zegel stond maar een halve koe, de andere helft was op de zegel ernaast, enzovoort. En in het postzegelalbum is dan ook voor die zegel een dubbelvakje gereserveerd. Tot schrik van al degenen die der gewoonte getrouw één zegel voor hun album hadden gereserveerd. Gevolg: een dubbelstel met koetjes is nu peperduur geworden.

(From *NRC-Handelsblad* 10th February 1978)

A section on contemporary literary history

Onmiskenbaar is er na 1940 iets gebeurd met de literatuur zoals nog nooit tevoren. Dat is, dat zij zelf meer en meer ter discussie werd gesteld en dat de opvattingen over wat zij is en hoe zij functioneert in onze samenleving zeer ver uiteen zijn gaan lopen. Eerst waren er vijf jaren oorlog waarin zij voor het grootste deel ondergronds ging. Daarna enige jaren waarin auteurs die nog volgens de traditie van voor 1940 literatuur hadden gemaakt tijdens en kort na de oorlog, de boventoon voerden. Het bleek een incubatietijd voor de vernieuwingen die onvermijdelijk waren. Te zeer waren leuzen van vrede en vrijheid ondeugdelijk gebleken, te groot werd de kloof tussen de vaders die de oude orde herstelden en zich daar wel bij voelden, en de zonen voor wie dat alles afgelopen was.

Blijven we binnen het gebied van de literatuur, dan is er de opkomst van een jonge generatie dichters die zich 'experimentelen' noemen en 'atonale poëzie' schrijven, en daarnaast het weerstanden oproepend proza van, in Nederland Van het Reve en Hermans, in Vlaanderen Boon en Claus. Tot op heden zijn er in onze naoorlogse literatuur geen bewegingen geweest die zo ver reikende gevolgen hebben gehad. Het élan dat de ouderen zich herinneren als het élan van de Wederopbouw bleek lang niet voldoende om zeer fundamentele gevoelens van onzekerheid omtrent de toekomst bij de jongeren weg te nemen. Van mondiaal optimisme zoals na de Eerste Wereldoorlog was deze keer al spoedig geen sprake. De Koude Oorlog werd vrijwel meteen begrip: de verovering van Tsjechoslowakije in 1948 door de communisten markeerde de tegenstelling tussen Oost en West. Aan de koloniale oorlogen die een aantal westerse landen hadden te voeren zou pas in de late jaren zestig een einde komen. En een van de verschrikkelijkste waarnemingen omtrent dit tijdvak is misschien nog wel dat wij op den duur zozeer met atoombom en waterstofbom leerden leven, dat de uitdrukking 'mit der Bombe leben' alweer snel uit ons snel slijtend jargon verdween. In die jaren zestig begon het hechte bolwerk van de christelijke traditie aan alle kanten te kraken. Autoriteiten werden kwetsbaar. De Wederopbouw waaraan ons volk een zeker élan ontleende was omstreeks 1965 al lang en breed overgegaan in een welvaartspatroon waarbinnen materieel voor jongeren weinig meer te bevechten viel. Provo's, kabouters en andere republikeinen dachten dat een andere regeringsvorm het paternalisme voorgoed zou opheffen. Zij hadden genoeg van de politieke clichés die repten van samenwerking en harmonie, terwijl het recht van de sterkste onverkort bleef gelden. Anno 1979 lijkt men over de hele linie moedeloos geworden onder 'het geweld van de woorden' die over en weer worden afgevuurd en zinkt men weg in een brij van clichés. De jaren zestig brachten tenminste nog de discussies over minderheidsgroepen, homofielen en Surinamers, maar in de jaren zeventig gaat de zorg voor het eigen hachje overheersen, de eigen baan, de toekomstmogelijkheden voor mensen die het net zo'n beetje gaan maken.

De rol van de literatuur in deze gebeurtenissen is bescheidener dan zij zou zijn geweest wanneer niet juist in de laatste decennia de media veel indringender dan voor 1950 de huiskamers waren binnengedrongen. De popularisering van het tv-toestel in de jaren 1955-65 heeft met name het interview een informatiewaarde gegeven die men tot dan toe niet kende. Het gesprek bleek een tekstvorm die tegelijkertijd hoge dramatische kracht en informatieve betekenis had. Konden literair toneel en fictioneel proza en individuële poëzie daar als reactie op het eigentijds gebeuren tegenop? Harry Mulisch zou een van de weinige uitzonderingen zijn en met zijn werken op zijn eigen tijd reageren.

In het onderwijs ging de letterkunde in elk geval minder betekenen. Weliswaar trad de zogenaamde Mammoetwet van minister Jo Cals pas op 1 augustus 1968 in werking, maar zij was niet vanzelf ontstaan: de strekking ervan – het onderwijs toegankelijk te maken voor kinderen van alle sociale lagen en de barrières tussen de verschillende onderwijstypen zoveel mogelijk te slechten – leefde al veel langer onder docenten en ouders. Binnen het moedertaalonderwijs ging steeds nadrukkelijker het besef leven dat men lange tijd de mondelinge taalvaardigheid had verwaarloosd. Literatuur was het cultuurbezit van de betere kringen, literatuur was élitair. Intussen werd zo het literatuuronderwijs een onderwerp van soms pijnlijke discussies en vroeg men zich alom meer af: wat is de functie van literatuur?

(From H.J.M.F. Lodewick, W.A.M. de Moor, K. Nieuwenhuijzen *Ik probeer mijn pen* (1979))

mit der Bombe leben – German for 'to live with the (atom-)bomb'
provo's, kabouters, the names of two radical political groups
brij – formless mass, *lit.* porridge
Mammoetwet – a law that introduced comprehensivization into Dutch schools

(Advertisement in *NRC-Handelsblad*)

Note that in the Netherlands voting is done by colouring a space red and not by putting a cross in it

Parkgedicht

In de vijver van de dag
zie ik grijsaards met wierookhaar
en kinderen met vogelogen
in zwijgende kinderwagens.

Een willekeurige zwaan
wist met een witte spons
alle geluiden van de vijver
en zwemt door de wolken.

Een speelgoedhelicopter
wandelt langs luchtpaden
naar het noordelijke
waterzuiden.

(From Paul Snoek *Renaissance* (1963))

To conclude, a few words about the Kalverstraat, the best known shopping street in Amsterdam and hence in all of the Netherlands

De Kalverstraat is ons aller Dorpsstraat, waar wij buitenmensen dwangmatig doorheenlopen wanneer we een dagje naar de stad gaan. Ook al is er eigenlijk niets bijzonders aan, ook al is het helemaal geen gezellige straat, ook al zijn er geen terrasjes zoals bij ons in de hoofdstraat, ook al is haast alles te duur voor ons. Goud en diamanten, jawel, daarvoor moet je hier zijn, zelfs bij helder weer weten de etalages van de juweliers nog te verblinden.

(From *NRC-Handelsblad* 17th October 1980)

ons aller – belonging to all of us
buitenmens – countryman, provincial
dwangmatig – compulsively